Pourquoi les
CHIENS
boivent-ils toujours
dans les toilettes?

Ce livre appartient à

_____

Titre original: *Why do dogs drink out of the toilet?*

Publié sous arrangement avec HEALTH COMMUNICATIONS, INC.
Deerfield Beach, Florida, U.S.A.
© 2006, Marty Becker et Gina Spadafori. Tous droits réservés.

ÉDIMAG
PRÈS DU PUBLIC

C.P. 325, Succursale Rosemont,
Montréal (Québec) CANADA   H1X 3B8

Téléphone: 514 522-2244
Internet: www.edimag.com
Courrier électronique: info@edimag.com

Correction: Paul Lafrance, Pascale Matuszek
Infographie: Echo International inc.
Modèle de la couverture: Tucker, un terrier croisé

Dépôt légal: troisième trimestre 2007
Bibliothèque et Archives nationales du Québec
Bibliothèque nationale du Canada

Pour la traduction en langue française au Canada, © 2007, Édimag inc.
ISBN: 978-2-89542-249-5

Québec 📖📖   **Canada**

L'éditeur bénéficie du soutien de la Société de développement des entreprises
culturelles du Québec pour son programme d'édition.

Nous reconnaissons l'aide financière du gouvernement du Canada par l'en-
tremise du Programme d'aide au développement de l'Industrie de l'édition
(PADIÉ) pour nos activités d'édition.

Par **MARTY BECKER**,
vétérinaire attitré à l'émission *Good Morning America*,
et **GINA SPADAFORI**

Pourquoi les
CHIENS
boivent-ils toujours
dans les toilettes?

**101 réponses à de troublantes questions
sur l'univers et le comportement des chiens**

Traduction et adaptation de l'américain
par Étienne Marquis

ÉDIMAG
PRÈS DU PUBLIC

Édimag inc. est membre de l'Association nationale des éditeurs de livres (ANEL)

NE JETEZ JAMAIS UN LIVRE

La vie d'un livre commence à partir du moment où un arbre prend racine. Si vous ne désirez plus conserver ce livre, donnez-le. Il pourra ainsi prendre racine chez un autre lecteur.

DISTRIBUTEUR EXCLUSIF

Pour le Canada
LES MESSAGERIES ADP
2315, rue de la Province
Longueuil (Québec) CANADA   J4G 1G4

Téléphone: 450 640-1234
Télécopieur: 450 674-6237

AVERTISSEMENT
L'éditeur ne peut être tenu responsable d'éventuels inconvénients liés à l'utilisation des conseils contenus dans ce livre. Consultez un professionnel en priorité.

Table des matières

Avant-propos

Dès qu'un chiot entre dans une maison, ses maîtres commencent à se poser une foule de questions. Les miennes sont apparues la première longue nuit où nous avons eu Earl: je l'entendais gémir parce qu'il voulait retrouver sa maman et ses frères et ses sœurs, et je me suis demandé si ma femme et moi pourrions un jour réussir à dormir à nouveau. Peu après m'est venue une seconde question: combien de temps lui faudra-t-il pour être dressé?

Vers 2 h du matin environ, après sa troisième promenade, Earl s'est finalement endormi épuisé. Mais à 2 h 07, les jappements plaintifs ont repris de plus belle – jusqu'à ce que nous abdiquions et que nous laissions le chiot dormir sur un oreiller entre nous deux. C'est alors que nous nous sommes posé une autre question: à quoi avions-nous pensé?

Au petit matin, nous avons jeté un coup d'œil à ce tendre animal et nous avons pris une bouffée de son souffle magique: nous savions que nous avions pris la bonne décision. C'était une véritable petite boule d'amour! Nos questions, à partir de là, furent plus pratiques. Pourquoi vomit-il seulement sur le plus beau tapis de la maison? Pourquoi hurle-t-il lorsque nous partons? Pourquoi a-t-il une dent contre le facteur?

Les gens qui aiment les chiens cherchent toujours à résoudre tous les mystères du royaume canin. L'un de ces mystères, c'est de savoir pourquoi les chiens boivent dans la cuvette de la toilette? C'est d'ailleurs en référence à ce comportement étrange qu'est né ce livre, écrit par un duo de rêve: le vétérinaire préféré des Américains et sa partenaire, une journaliste animalière dont le travail a été couronné d'un prix prestigieux. Évidemment, le Dr Marty Becker et Gina Spadafori aiment les animaux, et ils aiment aussi partager avec nous leurs réponses à toutes ces questions qui nous chicotent. Le résultat est un ouvrage à la fois éducatif et très amusant.

Donc, assoyez-vous sur votre sofa en compagnie de votre chien et de ce livre… et tout le monde sera très heureux.

Patrick McDonnell, créateur de Mutts
www.muttscomics.com

Introduction

LES CHIENS NE SONT PAS DES HUMAINS.
Tout le monde sait cela, dites-vous. Mais est-ce vraiment le cas? Nous parlons aux chiens dans notre propre langage, comme s'ils pouvaient comprendre chacun de nos mots. Nous leur posons des questions et nous répondons pour eux! Nous les invitons à partager notre mobilier, à dormir sur notre lit, à se promener avec nous pendant que nous faisons nos courses. Qui n'a pas connu quelqu'un qui se promenait avec un petit chien vêtu d'un joli ensemble, parfois parfaitement assorti aux vêtements de son maître ou de sa maîtresse?

Les chiens ne sont pas des gens, mais nous les considérons comme tels. Et cela entraîne bien des questionnements quand un chien se met à agir comme… un chien. La plupart des comportements canins sont insondables pour des bipèdes comme nous, mais ils ont assurément du sens pour un chien.

En tant que professionnels qui partageons depuis très longtemps notre savoir sur les animaux de compagnie, nous nous faisons poser des milliers de questions provenant chaque année d'amoureux de la gent animale. Nous connaissons par cœur la réponse à plusieurs, tellement elles nous sont familières, mais d'autres nous donnent du fil à retordre, nous obligeant à fouiller dans de nombreux ouvrages de référence, à donner des coups de fil à d'innombrables professionnels et à chercher jusque dans les entrailles les plus profondes de Google.

Mais il ne s'agit pas seulement de répondre à des questions. Nous aimons rire et nous savons que les gens qui partagent leur vie avec des animaux de compagnie ont aussi en général un bon sens de l'humour. Comment pourrait-il en être différemment, avec toutes les choses incroyables que font les animaux? Ainsi, nous avons décidé d'écrire un livre rempli d'informations pertinentes, mais aussi d'ajouter quelques traits d'humour qui vous feront sourire – et nous espérons que vous partagerez ce sourire, et votre amour des animaux, avec d'autres personnes. Et pourquoi ne pas partager votre bonne humeur avec votre chien, s'il n'y a personne d'autre!

Nous aimons les animaux, et nous aimons la manière dont ils enrichissent nos vies. Pour les célébrer, nous avons réuni les meilleures informations, mises à jour, que nous vous présentons dans ce livre, dont l'objectif consiste à vous aider à mieux connaître votre chien.

Ainsi donc, pourquoi les chiens boivent-ils toujours dans la cuvette des toilettes? Pourquoi hurlent-ils lorsqu'ils entendent des sirènes? Pourquoi mangent-ils ou se roulent-ils dans des substances nauséabondes? Les réponses pourraient vous surprendre. Et nous vous garantissons que vous les trouverez intéressantes. Grâce à ce livre, vous prendrez un cours accéléré de Chiens 101! Lorsque vous aurez terminé, vous connaîtrez mieux que jamais les chiens, en particulier le vôtre!

Ce qui signifie que vous serez en mesure d'aimer votre chien encore plus, si c'est possible!

Dr Marty Becker
et Gina Spadafori

Q: Pourquoi les chiens boivent-ils toujours dans les toilettes? Est-il sécuritaire de les laisser faire?

R: Nous aimons tous certaines choses, alors que d'autres nous horripilent. Après tout, les amateurs de champagne ne boivent pas leur nectar à bulles dans des coupes de styromousse, et les amateurs de bière considèrent que celles qui sont présentées dans des canettes d'aluminium ne sont que des sous-produits. Ainsi, si boire dans la cuvette des toilettes nous paraît assez dégoûtant, les chiens, eux, ont une autre opinion sur le sujet.

En fait, les chiens voient la cuvette comme une extraordinaire fontaine d'eau pure. De leur point de vue, l'eau des toilettes est bien meilleure parce qu'elle est plus fraîche, plus froide et qu'elle ne passe pas des heures à stagner dans un petit bol. Cette eau se change presque toute seule; elle se renouvelle chaque fois qu'on tire la chasse. Elle demeure froide plus longtemps en raison de la porcelaine dont est fabriquée la cuvette. De plus, la largeur de celle-ci permet une meilleure évaporation, ce qui entraîne aussi un renouvellement de l'eau puisque le niveau reste toujours le même. Et puis, la porcelaine n'altère pas le goût de l'eau comme le font les bols de plastique ou de métal. (Nous ne croyons pas que les manufacturiers de cuvettes de toilette aient déjà pensé à cet avantage indéniable pour un chien…) Une meilleure oxygé-nation peut aussi donner un meilleur goût à l'eau. (Le goût, bien sûr, est toujours une affaire personnelle.)

Au-delà de ces considérations, une stratégie de survie explique aussi cette préférence canine. En effet, la cuvette des toilettes pourrait satisfaire l'instinct du chien à opter pour des sources d'eau courante. Dans la nature, les courants d'une eau vive décomposent les levures, les moisissures et les contaminants qui s'agglu-tinent dans les eaux stagnantes. Si vous aviez le choix, préféreriez-vous boire l'eau d'un ruisseau dévalant la montagne ou celle d'un étang saumâtre? (Évidem-ment, de nos jours, les ruisseaux peuvent aussi être pollués, mais nous parlons ici de stratégies de survie qui datent de bien avant notre époque moderne.)

En plus de l'apparence de l'eau, il y a la salle de bain elle-même. Les recouvrements de plancher faciles à nettoyer constituent une surface douce et fraîche pour les pattes des chiens. La salle de bain est souvent l'une des pièces les plus fraîches de la maison, ce qui est super pour un pauvre pitou accablé par la chaleur d'une journée d'été.

Cependant, des spécialistes ne recommandent pas de laisser son chien boire dans les toilettes parce que la cuvette peut contenir des résidus de produits nettoyants chimiques et d'autres substances peu ragoûtantes. Dans ce cas, il y a une solution simple: gardez le couvercle fermé.

La K9 Water Company offre un assortiment d'eaux
enrichies de vitamines pour les chiens.
Les noms sont évocateurs: Eau de toilette
(saveur de poulet), Eau de gouttière
(saveur de bœuf), Flaque d'eau (saveur de foie)
et Boyau d'arrosage (saveur d'agneau).
Qui a bien pu vérifier
si le produit a bien la saveur annoncée?

Q: Pourquoi mon chien se met-il à japper et à m'importuner dès que je parle au téléphone?

R: Quiconque a déjà travaillé dans un centre de télémarketing peut vous assurer que la moitié des chiens se mettent à hurler dès que leur maître parle au téléphone. Pourquoi? Parce que – accidentellement – on leur a montré à le faire!

Le problème commence lorsque votre chien jappe seulement lorsque vous parlez au téléphone. Peut-être cherche-t-il à attirer votre attention? Or, lorsqu'il le fait quand vous regardez la télé ou quand vous payez les factures, vous ne l'entendez peut-être même pas. Ainsi, vous ne risquez pas de récompenser l'animal par de l'attention dans ce cas, et il ne répétera probablement pas son petit stratagème.

La situation est différente avec le téléphone. Bien entendu, vous ne voulez pas que votre interlocuteur entende votre chien japper – ou pire qu'il vous entende en train de dire à votre chien d'arrêter de japper. Il y a donc fort à parier que vous caresserez votre chien ou que vous lui lancerez son jouet préféré juste pour qu'il se tienne tranquille. Votre chien comprend qu'il peut japper chaque fois que vous décrochez le combiné, puisque ce comportement entraîne une récompense.

Parfois, ça va même plus loin. Bien des gens donnent une gâterie à leur chien pour qu'il ne jappe pas pendant qu'ils parlent au téléphone. Si chaque jappement entraîne une telle récompense, pourquoi le chien cesserait-il de japper? Personne n'est stupide à ce point!

La meilleure façon d'éviter ce problème consiste à le prévenir. Ne récompensez pas votre chien à court terme pour des comportements nuisibles à long terme. Si votre chien jappe quand vous décrochez le téléphone, ignorez-le. Si cela ne fonctionne pas, ou si l'habitude de votre chien est déjà bien ancrée, demandez à votre vétérinaire de vous recommander un dresseur qui vous aidera à modifier son comportement. Croyez-le ou non, vous pouvez, en effet, enseigner à un chien à garder le silence sur commande!

Q: Si les chiens bougent leurs pattes en dormant, est-ce parce qu'ils pourchassent quelque chose dans leurs rêves?

R: Les chiens se souviennent de certaines choses, donc il est plausible de penser qu'ils rêvent, comme les humains. Après tout, rêver fait partie du processus normal d'organisation et de réorganisation de la mémoire.

Comme les humains, les chiens ont deux phases de sommeil. La plus profonde est caractérisée par de rapides mouvements des yeux et est connue sous le nom de sommeil paradoxal. Nous savons que les humains rêvent pendant le sommeil paradoxal. Nous savons aussi que les gémissements, la respiration sonore, les tics nerveux et les mouvements des pattes que nous avons tous pu observer chez notre chien se produisent pendant la phase de sommeil paradoxal. De là à conclure que les chiens rêvent, il n'y a qu'un pas. Mais à quoi peuvent-ils bien rêver? Ça, nous ne le saurons jamais…

Ces dictons qui ne veulent plus rien dire...

Dans ma jeunesse, nous habitions une ferme dans le sud de l'Idaho, et j'étais souvent envoyé dans ma chambre pour réfléchir. Dans ces moments-là, mon frère aîné, Bobby, s'amusait à dire à qui voulait l'entendre: «Marty a été envoyé à la niche!»

Être «à la niche» signifiait alors tomber en disgrâce ou, plus familièrement, «être dans le trouble»! Cela voulait dire que vous étiez, du moins théoriquement, expulsé de la maison, physiquement banni de la cour et émotionnellement enchaîné.

Maintenant que j'ai des enfants et l'occasion d'utiliser cette expression, qui m'a jadis marqué au fer rouge, j'ai découvert qu'être «envoyé à la niche» n'a absolument plus aucune signification pour les jeunes.

Pourquoi? Parce que pour eux, la niche n'a rien d'un séjour dans un bâtiment exigu et froid, installé au fond de la cour. C'est plutôt une maison qui est aménagée à la fois pour les humains et les chiens, avec quatre chambres, quatre salles d'eau, une grande télévision et un spa. Et ils ne sont pas les seuls à le croire. Si vous vous rendez dans un salon consacré aux animaux de compagnie, vous remarquerez qu'on propose bien plus de lits d'intérieur pour chiens que de niches à installer à l'extérieur de la maison.

Lorsque j'étais jeune, les animaux vivaient à l'extérieur. Aujourd'hui, les humains et les animaux aiment cohabiter dans une seule et même demeure.

Et mon épouse ne peut pas non plus me menacer de me «traiter comme un chien», une autre expression de ma jeunesse. En fait, j'aimerais beaucoup être traité comme un chien. Cela voudrait dire qu'on me parlerait comme à un bébé, que je serais câliné, qu'on me chatouillerait derrière les oreilles, que je serais tenté par toutes sortes de gâteries, que j'aurais toujours le meilleur endroit sur le canapé et que je pourrais me reposer la nuit, ainsi qu'une bonne partie de la journée.

Je me demande si les chiens savent que nous vivons dans un monde rempli de requins et de vautours...

- Dr Marty Becker

«*Pensez-vous réellement que je mène une vie de chien?*»

Q: Pourquoi les petits chiens sont-ils si enthousiastes à l'idée de se retrouver en compagnie de gros chiens?

R: On peut affirmer sans aucun doute que plusieurs petits chiens voient gros. Certains sont même assez mal élevés. Il faut dire qu'ils sont si mignons que leurs maîtres ont tendance à tout leur permettre.

Certains petits chiens réagissent avec bravoure parce qu'ils ont peur, mais d'autres tentent vraiment de se chamailler avec de plus grosses bêtes qu'eux. Ils disent: «Je suis un chien moi aussi. Tu veux en avoir un aperçu?» Ces petites brutes croient sincèrement qu'elles sont aussi grosses et puissantes que les autres chiens. Et si on leur permet de japper sur les plus gros chiens depuis la sécuritaire fenêtre du salon, cela ne fait qu'empirer les choses. En effet, lorsque le gros chien poursuit sa route, le petit se met à croire que ce sont ses jappements qui l'ont fait plier bagages. Et cela ne fait qu'accroître un peu plus son ego. Il peut finir par se prendre pour un grand danois et se mettre à japper furieusement chaque fois qu'un autre chien croise son chemin.

Plusieurs petits chiens voyagent constamment dans les bras de leur propriétaire, ce qui ajoute à leur sensation d'être plus grands que nature. Après tout, quoi de plus facile que de croire que vous êtes un géant quand vous regardez constamment le monde de haut. Tout cela est charmant et porte à rire, mais un jour le petit chien se heurte à un rival costaud qui n'entend pas à rire. Ce sera peut-être le petit chien qui ouvrira les hostilités, mais vous pouvez être sûr que c'est le gros chien qui y mettra fin...

Les gens qui ont un petit chien doivent donc s'assurer de ne pas encourager ce genre d'arrogance. C'est pourquoi les petits chiens en bas âge devraient socialiser avec d'autres chiens en participant à des leçons de dressage. Et ne laissez pas votre minuscule compagnon rivaliser avec de gros chiens. En cas de dispute, ramenez-le à la maison.

Plusieurs petits chiens font partie des races les plus intelligentes, même ceux qui ne semblent pas avoir le meilleur Q.I. Après tout, nous devons tous travailler pour gagner notre pain. Et les petits chiens ne l'ont pas facile... Ils ont la meilleure nourriture, des vêtements griffés, passent régulièrement chez le coiffeur et la manucure et sont transportés dans des sacs hors de prix signés par de grands designers. Alors, qui prétend être aussi intelligent qu'eux?

Q: Pourquoi les chiens visitent-ils les endroits où les autres chiens du voisinage ont fait pipi?

R: Un simple reniflement peut apprendre à votre chien tout ce qu'il a à savoir sur ses congénères qui ont visité un endroit précis. Et une fois ces renseignements pris, pourquoi ne pas laisser une note de son passage?

Les mâles non castrés, en particulier, ressentent le besoin de marquer à nouveau leurs propres repères, ne serait-ce que parce que l'urine s'évapore et que l'odeur s'estompe. Un chien ne s'adonne pas à ce petit rituel par pure satisfaction personnelle. Par ses pipis, il indique aux autres chiens qu'il est le maître de ce territoire et il les informe du temps qui s'est écoulé depuis la dernière fois qu'il est passé par là. Quand le territoire est partagé par plusieurs chiens – soit tous les endroits publics où l'on peut promener son animal en laisse –, tous ressentent le besoin d'établir leur droit de propriété en marquant et en remarquant constamment les lieux.

Certains chiens lèvent plus souvent la patte qu'un professeur d'aérobie et sont passés maîtres dans l'art d'arroser absolument tout élément placé sur leur route, de la borne d'incendie aux buissons, arbres et poteaux de clôture. S'il est compréhensible de laisser son chien renifler et lever la patte çà et là, ce serait une bien mauvaise idée de le laisser s'épancher dans l'entrée de chacun de vos voisins. Un dresseur pour chiens peut vous aider à trouver le bon compromis. Ainsi, votre chien reniflera et lèvera la patte une fois ou deux, puis il reprendra sa promenade.

« Je ne ferais jamais ça chez les voisins de mon maître. »

Q: Pourquoi mon chien prend-il autant de temps à faire ses besoins?

R: Qui n'a pas attendu impatiemment, lorsqu'il fait un «temps de chien», que son animal qui renifle et renifle encore laisse tomber quelque chose que tous pourront voir, sentir et, éventuellement, écraser sous leur pas lourd et inattentif? (À ce sujet, nous ne saurions trop vous recommander de vous pencher pour ramasser la chose en question.)

Si l'urine fait partie d'un important processus de communication entre les chiens, les délibérations de nos compagnons à quatre pattes sur l'endroit où déposer leurs matières fécales nous semblent, à nos yeux d'humains, assez insensées. Pourtant, les cacas sont des marqueurs bien plus visibles que l'urine. Un chien doit donc évaluer soigneusement les avantages et les inconvénients de son projet d'implanter un tel monticule dans le territoire d'un autre chien. Vous comprenez mieux pourquoi c'est une décision qui requiert une profonde réflexion.

Chez certains chiens, par contre, cette attente vient d'un comportement acquis. Ils s'imaginent que dès qu'ils ont déféqué, leur sortie est terminée. Ils étirent donc le plus possible leur promenade en se retenant. Marchez un peu plus longtemps avec votre chien après qu'il ait fait ses besoins ou laissez-le jouer un peu. Ainsi, il ne sentira pas de pression de votre part pour accélérer son processus de soulagement!

Q: Est-il bien nécessaire pour un chien de lever la patte si haut pour marquer son territoire?

R: Ça l'est, pour le chien. Il est plus pratique de laisser sa marque d'urine à une hauteur qui se rapproche de celle de la truffe de ses congénères, et là où l'odeur est plus facilement disséminée par le vent. Voilà pourquoi les mâles surtout mais aussi certaines femelles adoptent des positions précaires de tripodes, car ils cherchent ainsi à projeter leur urine le plus haut possible.

Bien sûr, certains mâles ne se sentent pas vraiment concernés par la question, en particulier lorsqu'ils sont castrés. Par contre, les mâles les plus précoces commencent à lever la patte dès l'âge de quatre mois.

Dans certains cas, la manœuvre a quelque chose d'assez rigolo, surtout quand le chien est un petit spécimen qui en mène large! Alors que le lévrier d'Irlande peut lancer une giclée bien haute avec un effort minime, le petit terrier irlandais doit y mettre beaucoup plus de vigueur. Certains petits chiens lèvent la patte si haut dans l'espoir de rejoindre les marques d'urine de chiens plus grands qu'on croirait presque qu'ils font pipi debout.

Q: Lorsque les chiens bâillent, est-ce parce qu'ils sont fatigués ou parce qu'ils s'ennuient?

R: Ni l'un ni l'autre, en réalité. Pensez au bâillement comme à un changement de vitesse. Bâiller augmente le flux d'oxygène et stimule le rythme cardiaque, ce qui apporte de l'énergie au cerveau. Bâiller peut préparer le corps à l'action, tout comme cela peut être une façon de relaxer.

Le bâillement chez un chien est donc à la fois un petit remontant et un calmant. C'est selon. Si vous assistez à une compétition canine, vous verrez souvent des chiens bâiller sur la ligne de départ en attendant le signal qui leur indiquera qu'ils peuvent se propulser vers le premier obstacle. Ils sont prêts à courir, et leur bâillement exprime à la fois le stress et l'excitation. Dans la salle d'attente d'une clinique vétérinaire, vous verrez aussi des chiens bâiller, signe évident qu'ils sont nerveux et essaient de se calmer.

Dans des classes de dressage, les maîtres croient souvent que les bâillements de leurs chiens sont un signe d'ennui. Ce n'est pas tout à fait le cas. Le chien qui bâille pendant sa leçon d'obéissance le fait bien plus parce qu'il est stressé ou nerveux, ou encore parce qu'il veut plaire sans toutefois comprendre tout à fait comment y arriver.

Par ailleurs, comme chez les humains, le bâillement peut être contagieux chez les chiens. Si vous attirez l'attention de votre chien et que vous vous mettez à bâiller, votre chien pourrait bien vous imiter. Certains maîtres chiens expérimentés utilisent cette stratégie à leur avantage: ils encouragent les animaux à bâiller afin qu'ils se concentrent ou qu'ils se calment.

«Ce n'est pas que je m'ennuie, mais…»

R: Votre chien n'est guère impressionné par vos petits purificateurs d'air intérieur. En fait, s'il devait choisir le parfum de votre maison, ce serait quelque chose comme «Vieil écureuil mort» ou «Crottes de chat».

Autant nous aimons nos chiens, autant il existe une grande différence d'opinion entre eux et nous lorsque vient le temps de définir «une bonne odeur». Comme l'odorat du chien est incroyablement plus fin que le nôtre, qui peut affirmer hors de tout doute raisonnable que l'humain a raison sur ce qui sent bon ou non?

Maintenant, cette manie de se rouler dans de malodorantes substances s'explique aisément: les humains aiment porter leur parfum préféré, eh bien, c'est la même chose pour les chiens!

Une théorie explique aussi ce comportement comme étant une façon, pour un chien, de célébrer l'abondance. De temps à autre, un chien découvre sur sa route un morceau de choix, âcre à souhait. C'est un peu comme si vous trouveriez un billet de 100 $ par terre. Plaisant, non? Votre chien estime que c'est une bonne raison de se coller le museau sur cette source odorante et d'inhaler tout le merveilleux arôme qui s'en dégage. Mais lorsqu'il découvre un poisson en décomposition ou un amas nauséabond, cela déclenche chez lui une envie irrésistible de se rouler par terre! Il ressemble alors à un gagnant de la loterie qui s'amuse à jeter de grosses coupures en l'air, vautré sur un lit de billets!

Encore une fois, il faut ajouter l'élément de survie à ce phénomène. Pour un animal qui chasse, il y a un avantage indéniable à ne pas sentir le prédateur: en effet, si elle ne flaire pas son odeur, la proie n'aura pas connaissance de son arrivée. Le fait de se rouler dans des substances dont l'odeur est intense – des matières fécales ou même des restes d'animaux morts – dissimule bien l'odeur naturelle de l'animal et aide les prédateurs à capturer leur déjeuner plus facilement.

Bien entendu, aucun de nos chiens domestiques n'a besoin de chasser pour avoir son repas, mais les vieux instincts ne disparaissent jamais vraiment. Ainsi, pour chaque substance nauséabonde disponible, il y a un chien heureux de se rouler dedans. Et peu de temps après, il y aura aussi un humain trouble-fête pour sortir son eau chaude et son savon et venir tout gâcher… du moins du point de vue du chien.

Un remède contre les chiens puants

L'odeur de mouffette est l'une des plus difficiles à endurer sur un chien. Afin de préserver la quiétude de votre maisonnée, voici la meilleure recette que nous avons trouvée pour éliminer ce genre de débordement olfactif.

Utilisez 250 ml (1 tasse) de peroxyde d'hydrogène, 60 ml (1/4 de tasse) de bicarbonate de soude et 5 ml (1 c. à thé) de savon à vaisselle, de la marque Ivory par exemple. Mélangez le tout et appliquez sur l'animal puant. Rincez abondamment à l'eau claire.

Vous pouvez doubler ou tripler la quantité d'ingrédients si vous avez un gros chien. Toutefois, sachez qu'il faut appliquer la solution sur le chien aussi tôt que possible, car la réaction chimique qui élimine l'odeur de mouffette ne dure pas longtemps. Ne préparez donc pas cette solution à l'avance, et n'essayez pas d'en garder dans une bouteille au cas où: le produit ferait exploser n'importe quel contenant. Par contre, gardez les différents ingrédients à portée de la main. On ne sait jamais...

Des produits commerciaux efficaces sont aussi offerts, mais gardez-vous bien d'essayer la bonne vieille recette à base de jus de tomate. Vous en seriez quitte pour vous retrouver avec un chien rose qui sentirait toujours aussi mauvais... et peut-être même pire.

Q: À quel point un chien costaud peut-il être fort?

R: Très fort. Selon le Saint-Bernard Club of Alaska, le 11 août 1974, le saint-bernard Kashwitna a tiré une charge de 2 721 kg (6 000 lb) installée sur des roues, ce qui lui a donné le titre de chien le plus fort du monde, dûment inscrit dans le *Livre Guinness des records*. Son frère Susitna a par la suite établi un autre record en tirant une charge de 2 367 kg (5 220 lb) posée sur la neige. Ça se passait au World Championship Dog Weight Pull, en 1976, et ces deux records n'ont jamais été battus à ce jour.

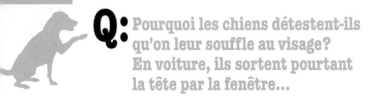

Q: Pourquoi les chiens détestent-ils qu'on leur souffle au visage? En voiture, ils sortent pourtant la tête par la fenêtre...

R: Pour un chien, il y a toute une différence entre la sensation du vent qui souffle sur son visage et celle d'un bipède qui propulse les relents de son dîner en direction de son museau hypersensible.

Comparez votre haleine, même la plus fraîche, à toutes ces délicieuses odeurs que votre chien respire lorsqu'il sort son museau par la fenêtre de la voiture. Votre haleine ressemble pour lui à des effluves sortant d'une conduite d'air mal entretenue. Quand il met le museau par la fenêtre, par contre, c'est comme si nous, nous sortions la tête d'un train qui traverse la plus agréable partie de la campagne française.

Un animal comme le chien, dont l'odorat est si complexe et évolué se sent irrésistiblement attiré par toutes sortes de parfums. Lorsque nous conduisons dans une ville, nous sommes capables de détecter la boulangerie ou le café du coin juste à l'odeur. Les chiens, eux, peuvent décoder tellement plus d'informations que nous, et l'expérience est évidemment très agréable. C'est pourquoi l'expression caractéristique d'un chien qui a la tête sortie de la fenêtre de la voiture en est une de concentration et de bonheur: sur sa gueule s'affiche un sourire canin qui permet aux parfums d'atteindre son nez ainsi que le cartilage vomérien (aussi appelé cartilage de Jacobson), situé dans la voûte du palais, qui sert aussi à détecter les odeurs. Pour les chiens, plus il y a de parfums, plus grand est le bonheur.

Tous les plaisirs canins ne sont pas sans danger. Voilà pourquoi il est préférable de garder la fenêtre de la voiture fermée, et la tête de votre chien à l'intérieur. En effet, de petits graviers ou des insectes peuvent heurter le chien à très haute vitesse et lui causer des blessures graves, aux yeux notamment. Ou bien, sans rire, faites porter des lunettes à votre chien!

Q: Peut-on enseigner à un chien à devenir méchant?

R: Il y a quelques années, plusieurs dresseurs de chiens ont placé la lutte parmi les activités à ne pas faire avec son chien. La raison en est simple: si vous luttez contre votre chien et le laissez gagner la bataille, il l'emporte dans le rapport de force qu'il a avec vous. Ainsi, selon la théorie, l'animal devient l'espèce dominante.

Certains maîtres chiens sont encore peu à l'aise avec l'idée de recommander la lutte comme activité à faire avec un chien. Par contre, d'autres croient qu'il faut s'adapter au chien que l'on a devant soi. La lutte n'est probablement pas une bonne idée si on possède un chien déjà batailleur ou agressif. Par contre, avec un animal bien dressé et sociable, qui sait reconnaître un jeu, cela peut passer. En fait, des maîtres chiens luttent même avec certains chiens en guise de récompense après une bonne performance de l'animal lors d'une compétition.

Q: Les chiens détestent-ils vraiment les chats?

R: Nous avons tous vu des chiens qui chassent des chats dans des dessins animés. Mais justement, l'une des raisons pour lesquelles nous aimons tant les chiens, c'est que la haine ne semble pas faire partie de leur bagage génétique. Est-ce que certains chiens chassent les chats? Est-ce que certains tuent des chats? Malheureusement, la réponse est oui dans les deux cas. Ne cherchez toutefois pas d'explication du côté d'une possible animosité entre les deux races.

Les chats occupent une place spéciale dans le règne animal, car ils sont en plein centre de la chaîne alimentaire. Ils sont à la fois des prédateurs et des proies. Leur habileté pour la chasse est évidente. Par contre, pour bien des prédateurs un peu plus gros – en particulier certains chiens et les coyotes –, les chats constituent un dîner difficile à attraper mais délicieux. Les chiens qui aiment chasser voient donc dans un chat un simple aliment à ajouter à leur menu. «Les affaires sont les affaires, diraient-ils. Ceci n'a rien de personnel.»

Les comportementalistes disent que les chiens qui tuent de petits animaux ou qui agissent avec agressivité envers les autres chiens ne représentent pas nécessairement un danger pour les humains. En fait, plusieurs sont même des animaux de compagnie très fiables. Par contre, il faut les garder à l'écart des autres animaux, en particulier les chats, les gerboises, les furets, les lapins, les oiseaux, les écureuils, bref n'importe quelle petite bête que vous n'aimeriez pas voir pendouiller dans leur gueule.

Il y a aussi des chiens qui chassent absolument tout ce qui bouge, que ce soit un animal ou un cycliste, ou un sac de plastique flottant au vent. Ces chiens chasseront donc avec joie un chat; ils pourraient même le mordre s'ils l'attrapent, mais ils feront marche arrière si le chat leur montre ses griffes acérées et fait mine de s'en servir.

Enfin, il y a beaucoup de chiens qui ne prêtent absolument aucun intérêt aux chats. Ceux-là pourraient en arriver à apprécier un félin qu'ils connaissent bien.

Bien qu'il soit difficile de savoir avec exactitude dans quelle catégorie se classe un chien en particulier, certaines données générales aident à se faire une idée plus claire. Les terriers, par exemple, ont été utilisés de tout temps pour chasser la vermine. Plusieurs spécimens font preuve du professionnalisme glacial d'un tueur à gages devant les souris, les rats, les hamsters, et parfois même les chats. Les chiens de garde et ceux qui chassent en ciblant leur proie du regard, comme les lévriers, sont probablement plus intéressés à se lancer à la poursuite d'un chat qu'à l'attraper ou à le tuer, mais des accidents peuvent arriver. Par contre, les chiens sportifs, comme les retrievers et les épagneuls, ne considèrent pas que la chasse aux chats fait partie de leur description de tâches.

Alors que certains chiens ne pourraient supporter de vivre entourés de chats – leurs instincts et leur tendance à se jeter sur leurs proies étant trop forts –, d'autres peuvent être mis en contact avec eux en bas âge afin de socialiser et d'apprendre à les tolérer et à les laisser tranquilles. Si vous possédez un chat et jonglez avec l'idée d'adopter un chien adulte, assurez-vous d'abord d'en choisir un qui ne montre aucune tendance à chasser les animaux plus petits que lui.

Plusieurs refuges pour animaux ont établi un «test félin». Celui-ci peut s'avérer intéressant afin de mesurer le niveau de tolérance d'un chien à l'égard des chats.

Q: Pourquoi certains chiens sont-ils terrifiés par les orages?

R: Certains types de chiens semblent plus sensibles au bruit. Par contre, tous les chiens peuvent être terrifiés par les orages. Après tout, un orage, c'est plus qu'un simple coup de tonnerre. La pression atmosphérique change, le ciel s'illumine, il y a de l'électricité statique dans l'air et une forte pluie s'abat sur le toit. Même les odeurs changent, à tel point que les humains, malgré leur pauvre odorat, sont capables de dire que «ça sent la pluie». Imaginez alors ce qu'un orage peut faire ressentir à votre chien.

Souvent, la peur des orages augmente parce que leur maître ne réagit pas de la bonne manière au premiers signes de crainte de leur animal. Il cherche à calmer la bête ou à la punir. Cependant, en essayant de calmer un chien par des petits mots gentils, voire enfantins, on ancre le comportement de pitou encore plus solidement! Quant à la punition, elle rend la peur plus effrayante encore. Certains chiens deviennent si excités que leur comportement craintif peut presque permettre à leur maître de prédire le temps qu'il fera, parce que les chiens peuvent sentir qu'un orage approche bien longtemps avant nous.

Cette sensibilité exacerbée est plus facile à prévenir qu'à guérir. Lorsque les chiots et les jeunes chiens montrent des signes en ce sens, une des stratégies à employer consiste à les distraire. Donnez-leur quelque chose de positif à faire. Vous pouvez entre autres entreprendre une séance de dressage remplie de gâteries ou simplement jouer à leur jeu favori. En d'autres termes, ignorez l'orage, distrayez le chien, ajustez votre ton de voix afin de rester calme malgré le bruit extérieur. Avec un nouveau chien, un premier orage est un prétexte à organiser une véritable fête. Chaque fois que le tonnerre ou l'éclair se fait entendre, lancez un cri de joie: «Youpi! Il était amusant celui-là: tiens, prends un biscuit!» Juxtaposez cette stratégie à des ordres que votre chien n'aura pas de mal à respecter, et ce dernier finira par attendre l'orage avec plaisir!

Par contre, si un chien développe une véritable phobie des orages, cela peut devenir assez dramatique, voire dangereux. Certains chiens se mettent à trembler, d'autres détruisent tout ce qui est à leur portée ou peuvent mordre sous le coup de la peur.

Si votre chien a peur des bruits que vous pouvez prévenir – un feu d'artifice par exemple –, demandez à votre vétérinaire de vous prescrire un calmant pour ces occasions précises. Si vous habitez dans un endroit où il y a beaucoup d'orages et que votre chien a développé une peur incontrôlable du tonnerre, faites appel à un comportementaliste qui préparera une thérapie pour la bête. Cela peut impliquer une médication spéciale ou le port d'un blouson antistatique qui aidera le chien à relaxer pendant l'orage.

Q: Les chiens peuvent-ils être déprimés?

R: Honnêtement, on ne peut pas dire que le répertoire émotif d'un chien soit très élaboré. Ainsi, un chien qui montrerait, aux yeux des humains, des signes de dépression – léthargie, perte d'appétit, changements dans les habitudes de sommeil – a plus de risques d'avoir un problème d'ordre physique que mental.

Ceci étant dit, bien des amoureux des chiens ont observé chez leur compagnon quelque chose qui ressemble à du chagrin à la suite du décès d'un être cher, à deux ou quatre pattes. L'exemple le plus probant est celui de Greyfriars Bobby, un skye-terrier qui a visité la tombe de son défunt maître tous les jours pendant 14 ans, jusqu'à sa propre mort en 1872. Le fait que les gens aient remarqué la présence du chien près de la tombe, lui aient servi de la nourriture et procuré un refuge pour sa loyauté a sûrement joué un rôle dans ce comportement, mais nous ne voulons certainement pas détruire une si belle histoire par des explications trop rationnelles.

Ainsi, oui, il semble que certains chiens répondent émotionnellement à la perte d'un humain bien-aimé ou d'un compagnon animal. Mais les chiens sont aussi extraordinairement résilients lorsque vient le temps de se joindre à une nouvelle famille. Prenez

l'exemple d'un refuge pour chiens. Pouvez-vous ima-
giner le temps qu'un humain aurait à passer en
thérapie s'il était soudainement retiré d'une famille et
placé dans une autre, dans certains cas de façon ré-
pétée? Même si certains chiens passent par une période
d'ajustement qui peut impliquer une certaine dose
d'anxiété et des séances de défoulement solitaire, la
plupart retombent sur leurs pattes et redeviennent
joyeux avec leur nouvelle famille.

«Aimez ceux et celles qui vous accompagnent»
semble être le credo de bien des chiens.

*Les études ont démontré que l'un des meilleurs
traitements pour les gens qui souffrent de dépression,
c'est d'avoir un chien. Le fait d'entretenir une relation de franche camaraderie, les responsabilités qui
viennent avec la possession d'un animal et l'augmen-
tation de l'activité physique qui en découlent – un
chien doit marcher après tout! – font en sorte de
donner ce petit coup de pouce qui aide à sortir de
l'état dépressif ou à le prévenir.*

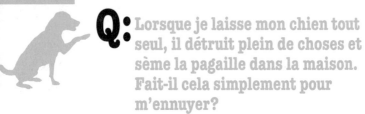

Q: Lorsque je laisse mon chien tout seul, il détruit plein de choses et sème la pagaille dans la maison. Fait-il cela simplement pour m'ennuyer?

R: La malveillance et la culpabilité ne font pas partie du répertoire émotif des chiens. Les chiens vivent dans l'ici et maintenant, et la vengeance ne fait pas partie de leur bagage génétique; par contre, les aboiements et l'habitude de ronger des objets et de creuser le sol, oui! Nous aimerions bien que ces habitudes particulières n'entrent pas dans nos demeures, mais voilà une illustration des incompatibilités qui existent entre les chiens et les humains.

Les motifs que les humains attribuent aux comportements canins ne sont tout simplement pas pensables. Les chiens ne savent pas que leurs comportements sont mauvais jusqu'à ce que vous leur enseigniez dans des termes qu'ils peuvent clairement comprendre. Ainsi, ils ne rongent pas des objets parce qu'ils sont fâchés d'être laissés seuls à la maison. Ils rongent des objets parce qu'ils sont stressés d'avoir été laissés seuls et que c'est pour eux un moyen de relaxer. Quant au désordre, il est peut-être dû au fait que le chien a des limites côté vessie. Et le stress de la solitude peut rendre son soulagement urinaire plus urgent.

«Oui, mais, dites-vous, si ce que vous dites est vrai, pourquoi, lorsque je reviens à la maison et découvre le désordre, mon chien a-t-il l'air coupable et cherche-t-il un endroit où se cacher?»

Regardez à nouveau la situation mais à travers les yeux d'un chien. Vous êtes un chien, votre maître revient à la maison et vous trottez joyeusement vers le hall d'entrée pour aller à sa rencontre lorsque vous entendez des gros mots. Vous stoppez net, et le doute s'insinue dans votre esprit. Puis vous entendez votre nom parmi les hurlements et réalisez que votre maître est en furie contre vous. Vous ne savez pas pourquoi – vous avez oublié depuis longtemps que vous avez mâchouillé tous ses sous-vêtements et fait pipi sur la couverture de son lit –, mais la prudence vous suggère de vous pousser de là au plus vite.

Lorsque votre maître vous trouve enfin, il est si fâché qu'il vous effraie. Vous faites donc de votre mieux pour apaiser sa colère. C'est pourquoi vous vous roulez par terre et montrez votre ventre. Il se peut même que vous laissiez sortir un jet d'urine. Tous ces efforts ont pour but de dire: «Je suis désolé, je suis désolé. Je ne sais pas pourquoi tu es fâché, mais je te prie de m'excuser.»

Une telle démonstration de colère de votre part, même une seule fois, n'enseigne absolument rien à votre chien, sauf que vous êtes un être un peu fou et imprévisible qui ne peut être apaisé. Par conséquent, si vous êtes un chien, vous en déduisez qu'il est mieux d'avoir l'air modeste et de vous cacher chaque fois que le patron rentre à la maison.

Malveillance? Culpabilité? Voilà qui est simplement trop compliqué pour les chiens, dont les émotions se résument à la peur et à la joie. Les chiens ne sont pas des tragédiens. Leur habileté à vivre simplement et joyeusement est, après tout, l'une des raisons pour lesquelles nous aimons partager nos vies avec eux.

Si votre chien fait du grabuge chez vous quand vous vous absentez, demandez à votre vétérinaire de vous référer à un comportementaliste qui pourra vous aider à diagnostiquer les symptômes du problème et qui vous guidera vers une solution appropriée.

Q: Pourquoi mon chien aime-t-il tant éparpiller mon linge sale?

R: Parce que ce linge porte votre odeur, bien sûr! Qu'y a-t-il de mieux que vos vêtements, les plus intimes étant les plus odorants, pour se construire un petit nid douillet? Et que faire de mieux que de les mâchouiller pour en dégager toutes vos merveilleuses odeurs?

Quant au fait de les éparpiller, il s'explique par l'excitante partie de chasse qui suit et qui est très amusante. Vous n'êtes pas d'accord? Quel rabat-joie vous faites!

La liste des effets que les chiens ont mâchouillés parce qu'ils portaient l'odeur de leur maître serait tellement longue à dresser qu'il faudrait plus d'un ouvrage pour y arriver. Les vétérinaires, comportementalistes et dresseurs ont tout entendu. Les vêtements (en particulier, la lingerie féminine qui sera lavée dans un proche avenir), les chaussures (le cuir, quel délice!), les télécommandes et les poupées Barbie semblent faire partie des articles les plus populaires en ce domaine.

La solution la plus simple consiste à garder ces objets hors de portée de votre chien, à qui vous concéderez plutôt des jouets plus appropriés pour satisfaire son besoin de ronger. C'est particulièrement important d'offrir cette solution de rechange, surtout aux chiots qui font leurs dents et aux jeunes adultes qui continuent leurs explorations avec leur gueule.

Q: Combien de dents un chien a-t-il?

R: Les chiots possèdent 28 dents. À l'âge de quatre mois environ, ces dents de lait commencent à être remplacées par 42 dents permanentes. De temps à autre cependant, il arrive qu'un chien ait une dent en plus – une dent de bébé qui n'a pas voulu partir.

Cette dent supplémentaire peut entraîner certains problèmes, comme un agencement incorrect des dents permanentes, un développement inadéquat des mâchoires et des infec- tions. Heureusement, c'est un problème facile à résoudre. Si vous remarquez cette dent supplémentaire, habituellement sur le devant, parlez-en à votre vétérinaire. Il pourra l'extraire afin de laisser les dents adultes prendre la place qui leur revient.

«J'ai 3 ans, et toutes mes dents.»

Q: Pourquoi est-ce presque impossible de sortir un chien de l'océan, d'une rivière ou d'un lac alors qu'il est si difficile de lui faire prendre un bain?

R: Le savon pourrait bien expliquer ce mystère, tout comme la surface ultra glissante du bain. En fait, à la plage, le chien va chercher des odeurs qui lui conviennent parfaitement, même si elles semblent dégoûtantes aux humains. Par contre, le savon a un parfum agréable… au nez des humains! Avez-vous déjà vu un savon à l'arôme de «déchets en décomposition» ou de «poisson puant»?

Les fabricants de produits hygiéniques savent que les animaux n'achètent pas leurs produits. C'est pourquoi ils les conçoivent pour les humains. Ainsi, on trouve des savons pour chiens qui sentent la menthe ou le citron, alors qu'aucun de ces arômes ne figurerait dans le «top 10» d'un chien!

En plus, le bain n'est pas qu'une offense olfactive pour le chien. Combinez la peur de l'inconnu à un espace restreint et glissant, ajoutez-y le son de l'eau qui frappe dans le fond de la baignoire et vous obtenez un scénario des plus terrifiants pour certains chiens. Bien sûr, plusieurs propriétaires savent qu'il vaut mieux déposer un tapis antidérapant au fond de la baignoire et la remplir la porte fermée avant de faire entrer le chien dans la salle de bain. Cela dit, il reste que c'est un bain, un mot diabolique dans le vocabulaire de l'animal.

Vous pouvez atténuer la phobie du bain en changeant la perception de votre chien à l'égard de la baignoire. Essayez de nourrir votre chien – avec un morceau irrésistible comme une bouchée de hot dog – dans une baignoire vide, de façon à ce qu'il associe cet endroit avec quelque chose de positif. Il est possible que le chien ne sautera pas dans la baignoire du premier coup, alors attirez-le en lui offrant une bouchée de son goût à quelques pas du lieu fatidique. Approchez-vous ensuite un peu plus chaque jour. Une fois que le chien aura sauté de lui-même dans la baignoire vide, ajoutez juste un peu d'eau tout en lui offrant une autre succulente gâterie en récompense. D'une fois à l'autre, mettez un peu plus d'eau.

En terminant, n'utilisez pas de shampoing et n'oubliez pas de donner une récompense à votre chien à la fin de chaque bain. C'est comme la friandise que l'on donne à un enfant qui vient de se faire couper les cheveux! Et bien sûr, quand vous lavez l'animal, évitez de lui mettre du savon dans les yeux!

Oubliez la vieille croyance voulant qu'on ne doit pas donner plus d'un ou deux bains par an à un chien. Cela pouvait fonctionner avec un chien vivant dans une ferme mais, honnêtement, qui pourrait vivre aujourd'hui avec un animal aussi malpropre?

Bon, mais à quelle fréquence est-il préférable de laver un chien? Aussi souvent qu'il le faut pour lui donner un câlin ou pour lui permettre de partager votre lit. Et souvenez-vous que même un bain hebdomadaire n'est pas nécessairement un luxe.

Avez-vous déjà vu une exposition canine?

Ces chiens sont lavés et coiffés chaque semaine – parfois plus souvent encore.

Et leur pelage est superbe!

Q: À la sortie du bain, pourquoi un chien se secoue-t-il aussi frénétiquement avant de traverser la maison en trombe?

R: Le fait de se secouer est un réflexe. Le poids de l'eau dans le pelage n'est pas une sensation très agréable. Et un pelage en santé constitue la meilleure protection d'un chien contre les éléments. Ainsi, si les poils sont gorgés d'eau, le pelage ne sera pas en mesure d'offrir cette protection.

Du coup, le chien y va de son meilleur cycle d'essorage, en se plaçant le plus près possible de l'humain le plus sec. (Cette dernière affirmation est tout sauf scientifique. Il n'y a aucune preuve que les chiens se secouent près des humains les plus secs, ni près de ceux qui détestent le plus les chiens. On dirait par contre que ça va de soi.) Les chiens commencent habituellement leur manœuvre par la tête et se secouent jusque vers l'arrière-train. Ils se secouent jusqu'à ce que leur tête, leur cou et leurs épaules soient secs, mais pas nécessairement jusqu'à ce que leur postérieur ou leurs pattes le soient. Si vous voulez prévenir le processus, utilisez ce truc de professionnel: servez-vous d'une serviette pour tenir le museau de la bête dans votre main. Si le chien ne peut bouger la tête, qu'il secoue en premier, il ne bougera pas le reste du corps non plus.

Quant à ces courses folles suivant le bain, on peut les expliquer de plusieurs façons. L'une d'elles, c'est que le chien est si heureux de sortir de la baignoire et de votre main de fer qu'il explose de joie. Peut-être aussi est-ce parce que le chien se sent mieux quand il est propre… Mais peut-être n'est-ce pas cela, parce que plusieurs chiens profitent des secondes qui suivent un bain pour se lancer dans la poussière, les feuilles mortes ou des trucs pire encore. Ils font probablement cela pour couvrir cette affreuse senteur de savon! Honnêtement, on ne peut pas s'attendre à ce qu'un chien soit heureux de sentir le romarin ou la menthe poivrée, n'est-ce pas? Qu'est-ce que ses potes vont penser de lui?

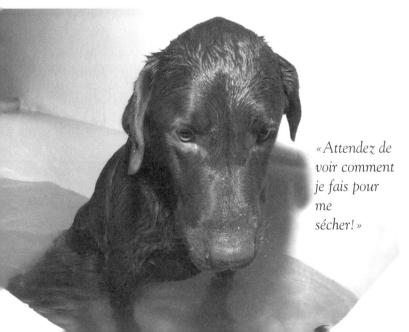

«Attendez de voir comment je fais pour me sécher!»

Q: Pourquoi les chiens sont-ils malades en voiture?

R: Ne vous inquiétez pas: vos habiletés de conducteur ne sont pas en cause. Les chiens ne sont pas faits pour se promener en voiture – pas plus que nous d'ailleurs – et l'expérience peut se révéler troublante physiquement et émotionnellement, en particulier pour les jeunes chiens. Un véhicule en mouvement peut en effet affecter l'oreille interne, engendrer de la nausée et des vertiges.

D'autres chiens sont contrariés dans une voiture parce qu'ils ont appris que ce n'est pas une expérience qui se conclut de belle façon. Si les promenades en voiture sont peu fréquentes et se terminent invariablement dans des endroits qui ne sont pas exactement des lieux de prédilection pour les chiens – le vétérinaire ou le salon de toilettage –, leurs appréhensions peuvent être difficiles à surmonter.

Plusieurs chiens, comme plusieurs enfants, s'habituent au mouvement de la voiture et vainquent avec le temps leur mal des transports. Ils peuvent même en arriver à trouver ces balades amusantes. Pour les autres, ceux qui n'arrivent pas à se faire à l'idée de voyager en voiture, un changement d'attitude est la clé.

Pour conditionner un chiot ou un chien à voir la voiture comme quelque chose de positif, on lui offrira simplement une gâterie en l'appelant à monter dans un véhicule stationné. Nul besoin de démarrer. Après la gâterie, essayez de donner à l'animal un repas normal que vous déposerez sur le plancher de la voiture. L'étape suivante consiste à faire de courtes promenades sans but précis, en donnant beaucoup de gâteries et de récompenses. Augmentez ensuite la durée des balades. En emmenant votre chien dans des destinations intéressantes pour lui (une classe canine ou le parc), il se peut qu'il devienne accro aux promenades en voiture sans que vous vous en rendiez compte.

Toutefois, allez-y doucement, car conduire avec un chien dans la voiture peut être dangereux à la fois pour le chien et pour la concentration du chauffeur. Prévoyez le coup en installant le chien dans une cage, ou en lui installant une ceinture de sécurité adaptée à lui. En effet, en cas d'accident, un chien peut être projeté avec force vers l'avant du véhicule.

Vous doutez que conduire avec un chien peut être dangereux? Demandez à l'auteur célèbre Stephen King, qui a vécu un véritable cauchemar – il a presque été tué – à cause d'un homme qui essayait de conduire tout en s'occupant de son chien qui se promenait allègrement dans la voiture.

Peu importe la cause, lorsqu'un chien a l'estomac
à l'envers, il bave. Chez certains animaux,
c'est le seul symptôme du mal des transports.
Mais chez d'autres, c'est un signe précurseur
de vomissement.

«Attention devant!
Je ne souffre plus
du mal des transports.»

Q: Pourquoi les chiens dressent-ils la tête lorsqu'ils entendent des sons inhabituels?

R: Parce que c'est mignon, bien sûr! En fait, pas exactement. Un chien dresse la tête, ou la penche, pour porter une oreille vers l'avant. Ainsi, il peut mieux porter attention à la source du bruit inhabituel ou au son qu'il apprécie beaucoup, le mot «biscuit», par exemple. Ces sons inhabituels sont en général aigus, comme des couinements. Si vous vous rappelez que les chiens s'intéressent avec joie aux rongeurs lorsque l'un d'eux couine dans les parages, cette théorie est plausible.

Nous, les humains, aimons cette réaction, ce qui explique que presque tous les jouets en plastique pour chiens font couic, couic! et que les chiens les aiment tant.

Les chiots sont plus susceptibles de dresser la tête fréquemment, parce que tous les sons sont nouveaux à leurs oreilles. Plus le chien vieillit, plus il se contentera de bouger l'oreille, et non la tête au complet. Après tout, quand on a tout vu, tout entendu…

Q: Pourquoi les chiens sautent-ils sur les gens pour les accueillir?

R: Du point de vue du chien, la question devrait être posée comme ceci: «Pourquoi les humains ne marchent-ils pas à quatre pattes et pourquoi diable ne se mettent-ils pas à mon niveau quand ils viennent vers moi?»

Quand les chiens accueillent quelqu'un, ils s'attardent aux endroits où l'odeur humaine est la plus forte – la bouche, les parties génitales et la région anale. C'est pourquoi ils disent bienvenue aux gens en leur donnant un baiser sur la joue, ou… sur la bouche! Ce comportement est parfaitement normal chez un animal guidé aussi puissamment par son odorat, même si le fait de lécher le visage ou de renifler l'entrejambe n'est pas considéré comme très poli chez les humains. Un chien qui n'est pas dressé à bien se tenir essaie de connecter d'instinct avec la bête devant lui. Ainsi, son mot de bienvenue commence avec un saut visant à capter l'haleine de l'humain et se poursuit par un plongeon olfactif vers l'entrejambe.

Les chiens ont besoin d'un dressage pour se plier à l'étiquette humaine. Or, bien souvent, nous ne sommes pas de très bons guides. Nos règles ont parfois du sens à nos yeux, mais sont totalement incompréhensibles pour un chien. Et faites attention à la logique canine! Êtes-vous du genre à laisser votre chien sauter sur vous lorsque vous portez un jean mais à le repousser quand vous avez vos plus beaux habits? Peut-être n'êtes-vous pas responsable toutefois. En effet, tous les propriétaires de chien ont des amis qui adorent recevoir les caresses de l'animal, quitte à se laisser marcher sur la poitrine. Comment un chien peut-il comprendre que sauter ainsi est correct avec certaines personnes et pas avec d'autres? De même, bien des gens acceptent que les petits chiens sautent: ils trouvent cela mignon et considèrent que c'est plus pratique que de se mettre à genoux pour aller à leur rencontre. Ces petits chiens apprennent vite…

Établissez des règles (qu'elles soient canines ou humaines, ou qu'il s'agisse d'une combinaison des deux), et tenez-vous-y. Soyez constant dans l'application de ces règles et ne tenez jamais pour acquis que votre chien comprendra instantanément qu'il y a des moments où il peut sauter et d'autres où il doit rester sur ses quatre pattes. C'est soit permis, soit interdit.

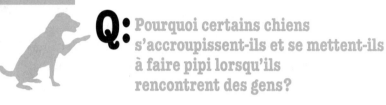

Q: Pourquoi certains chiens s'accroupissent-ils et se mettent-ils à faire pipi lorsqu'ils rencontrent des gens?

R: N'est-il pas charmant qu'un autre mammifère soit si excité à l'idée de vous rencontrer qu'il en perde tout contrôle sur sa vessie? Probablement pas. Cette perte de contrôle est bien différente d'un geste volontaire. Un chien qui s'épanche sur le sol en guise de salutation n'a en fait rien à voir avec un délinquant qui lèverait la patte pour faire pipi sur un visiteur.

Un chien qui fait pipi pour souhaiter la bienvenue ne démontre pas un manque d'entraînement. Il présente plutôt ce qu'on peut appeler une énurésie de soumission. Voilà qui est relativement commun chez les jeunes chiens doux et timides. Ça se produit habituellement lorsque le chien accueille un invité ou un membre de la famille, mais ça peut aussi arriver quand le chien est réprimandé.

Bien des chiens sont punis lorsqu'ils font pipi sur le sol involontairement, mais cette réaction humaine n'est ni juste ni utile. Chez les chiens et les loups, l'énurésie sert à renforcer le rang social. Ainsi, un spécimen immature ou soumis urinera pour reconnaître la supériorité d'un mâle dominant. En un sens, votre chien vous signale donc que vous êtes le patron.

C'est donc un compliment qu'il vous fait, alors est-ce que cela vaut la peine de le frapper pour si peu?

En gagnant de la maturité physique et émotive, votre chien arrivera à diminuer l'intensité du problème. Mais il ne peut tout faire seul. S'il urine pour vous saluer, c'est qu'il a besoin qu'on renforce sa confiance en lui et en vous! Vous devriez aussi rendre visite à votre vétérinaire afin de vous assurer qu'il n'y a aucun problème physique sous-jacent à ce comportement.

Si votre chien a des ennuis de ce type, laissez-le se calmer avant de procéder aux salutations en bonne et due forme. Présentez-vous de façon moins menaçante en vous accroupissant de côté par rapport à lui plutôt que de face. Laissez-le vous approcher plutôt que d'aller à lui et parlez-lui doucement.

Parce que certains chiens sont effrayés par la main qui se tend vers eux, câlinez votre animal en flattant son cou plutôt que le dessus de sa tête. Ne le regardez pas directement dans les yeux non plus, car ça peut être très intimidant pour un chien qui manque d'assurance.

Une fois que vous aurez déterminé le type de salutations qui entraîne une réponse urinaire, changez votre approche et travaillez sur vos succès. Ainsi, le chien gagnera en confiance et vous pourrez mettre peu à peu plus d'enthousiasme dans vos caresses.

Quelle est la meilleure façon de permettre à un chien
de bâtir sa confiance? Dressez-le!
Les leçons de dressage donnent l'occasion au chien
de connaître des succès et de vous faire plaisir.
Ça lui permet aussi de réfléchir, de résoudre
des problèmes et de vous regarder pour obtenir
des indices sur la manière de se comporter.

Q: Pourquoi certains chiens
fouillent-ils dans la litière du chat?

R: Aussi étrange que cela puisse paraître à vos yeux, plusieurs chiens considèrent les crottes de chat comme des gâteries aussi délicieuses qu'un biscuit! C'est une excellente source de protéines (la nourriture pour chats ayant un taux de protéines plus élevé que celle des chiens), et ça sent aussi bon au nez des chiens qu'une brioche à la cannelle sortant du four.

Placés devant un buffet aussi accessible qu'une litière de chat, peu de chiens résistent longtemps à l'appel de ce petit en-cas. Et les efforts pour garder le chien loin de la litière ne sont pas souvent une réussite.

Voici donc quelques suggestions pour restreindre l'accès à la litière du chat:

• **Achetez une boîte à litière couverte.** Certains chats ne les apprécient guère cependant, et elles ne sont pas appropriées si le chat souffre d'asthme.

• **Changez l'emplacement de la litière.** Bien sûr, vous devez faire attention de ne pas bouleverser les habitudes de votre chat. Par contre, vous pouvez y aller graduellement en déplaçant la litière vers un endroit surélevé qui sera inaccessible au chien.

• **Installez des barrières.** Truquez la porte d'entrée de la pièce où se trouve la litière: arrangez-vous pour que l'embrasure soit assez grande pour laisser passer le chat mais trop étroite pour permettre l'accès au chien. Une autre solution consiste à aménager un trou de la taille du chat dans la porte: le chat l'empruntera pour aller dans sa litière. Si vous avez un petit chien, optez pour une barrière comme celle qu'on installe quand on a de jeunes enfants: le chat peut aisément sauter par-dessus, mais le petit chien restera sagement de l'autre côté.

Un dernier conseil en terminant: n'oubliez pas de nettoyer la litière du chat régulièrement chaque jour. Après tout, un chien ne peut pas manger ce qu'il ne trouve pas!

Q: Quelle est la façon la plus simple de ramasser les petits cadeaux de mon chien?

R: Bien des entrepreneurs ont proposé leur solution géniale pour ramasser les crottes de chiens. Certaines sont plutôt intelligentes et fonctionnent très bien. Par contre, la méthode la plus facile – et sûrement la moins chère – consiste à traîner avec soi un sac d'épicerie en plastique. Servez-vous-en comme d'un gant, ramassez le petit cadeau, retournez le sac, nouez le tout et disposez-en de façon appropriée.

Croyez-nous, vos voisins apprécieront votre geste.

Q: Certains chiens sont-ils homosexuels?

R: Quand un mâle grimpe sur un autre chien, ce n'est pas seulement parce qu'il y est poussé par un besoin de procréation; cela peut être une manifestation de domination. Quand un mâle entier («entier» étant le terme utilisé par les vétérinaires pour dire que le chien a encore ses testicules) fait la danse d'accouplement avec une femelle non châtrée pendant la bonne saison, c'est clair qu'il s'agit de reproduction. D'habitude, le résultat est une belle portée de chiots.

Par contre, quand vous apercevez un mâle sur un autre mâle ou une femelle sur un mâle, que les animaux soient châtrés ou non, c'est que l'une des bêtes indique à l'autre qu'elle détient un rang plus élevé dans la hiérarchie. On remarque même ce genre de comportement chez de jeunes chiens, qui grimpent aussi bien sur la tête que sur l'arrière-train de leurs petits compagnons. Il faut de la pratique pour devenir habile en la matière!

Les chiens sont-ils bons au lit?

Laissez-moi d'abord établir les bases de la scène. Nous vivons dans une maison en bois rond blottie dans les pins à mi-chemin de la haute montagne Hall, dans le nord de l'Idaho. Notre grand lit se compose d'un matelas moelleux recouvert d'un drap de flanelle et d'une couette remplie de plumes d'oie qui fait 15 cm d'épaisseur lorsqu'elle est bien aérée! Le soir, avant d'aller dormir, nous ouvrons la fenêtre pour laisser entrer la fraîche senteur de pin et de rosée et pour entendre les criquets et les crapauds qui nous chantent leur relaxante sérénade.

Chacun à sa partie du lit, ma femme et moi préparons nos oreillers, relevons l'édredon et nous installons confortablement, pour tomber nez à nez avec un être poilu à quatre pattes qui dégage de plus une haleine évocatrice.

Bien des choses ont changé pendant nos trente années ou presque de mariage. Au début, j'étais comme un matou fiévreux, toujours à la recherche d'un peu d'amour. Mon épouse, Teresa, était plus souvent qu'autrement réceptive à mes appels et elle aimait les baisers et les câlins.

Puis, nous avons adopté des animaux de compagnie, et notre vie amoureuse a été reléguée au second plan, derrière des rituels impliquant la présence d'autres créatures dans notre lit. Il y a près de 30 ans, Teresa portait, pour me séduire, des trucs aussi transparents que de la cellophane. Maintenant, parce qu'elle veut garder au chaud notre caniche-papillon-yorkshire Quixote, elle enfile un pyjama qui ferait paraître une armure délicate.

Nous nous installons donc, chacun de notre côté, avec notre partenaire de prédilection: Teresa avec Quixote et moi avec Scooter, ma princesse chevelue, une vieille fox terrier Wire. Les jeux qui s'en-suivent n'ont rien à voir avec d'intimes préliminaires!

Notre confort était très important au début de notre rela-tion. Nous nous enlacions, tournant ensemble dans le lit à la re-cherche du point le plus confortable et le plus chaud. Aujourd'hui, nous laissons les chiens décider en premier. C'est eux qui déterminent l'endroit où ils dormiront, ainsi que notre propre position autour d'eux. Nous n'osons même plus bouger pour soulager une crampe ou relever l'édredon de peur d'empêcher les chiens de dormir!

En parlant de la position des chiens, qu'est-il arrivé à ces images d'animal roulé en boule aux pieds de son maître, le museau rejoignant la queue dans un croissant de fourrure compact et satisfai-sant? Les animaux semblent avoir perdu cette habileté. Ils préfèrent maintenant s'étendre, se faire aussi long que possible, la langue pen-dante à un bout du lit, la queue tombant à l'autre bout et battant la mesure comme un métronome.

Pendant la nuit, les choses empirent. Maintenant que j'ai plus de 40 ans, ma prostate et ma vessie se sont liguées contre moi pour s'assurer que je ne passerai plus jamais une nuit sans visiter les toi-lettes. Pourtant, je résiste à la tentation de me lever, car je sais que si j'abandonne ma place, Scooter ou Quixote ou les deux en profiteront, sans aucune hésitation ni culpabilité, pour occuper le chaud nid que je leur aurai laissé.

Par ailleurs, nous avons encore le réveille-matin que nous avons reçu en cadeau de mariage. Même s'il est vieux, il est presque neuf puisque nous ne l'utilisons jamais. Pourquoi? Parce que nous avons des chiens précis comme une horloge pour nous réveiller. Ils ont faim, ils ont soif, ils ont besoin de sortir ou sentent des mouvements imaginaires à l'extérieur de la chambre à coucher.

Le matin, les chiens se lèvent parfaitement reposés après avoir dormi 18 des dernières 24 heures, pendant que Teresa et moi nous traînons hors du lit, en proie à un manque de sommeil chronique. Par contre, dès que Quixote et Scooter nous lèchent le visage, nous dérident avec leurs singeries et se tortillent de bonheur, notre sourire, celui que seuls les propriétaires d'animaux de compagnie connaissent, revient naturellement. Et nous ne saurions pas nous en passer.

- Dr Marty Becker

«Ils sont si gentils mes maîtres d'avoir fait un lit si douillet pour moi.»

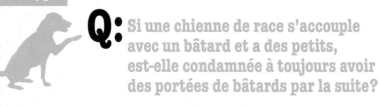

Q: Si une chienne de race s'accouple avec un bâtard et a des petits, est-elle condamnée à toujours avoir des portées de bâtards par la suite?

R: Il y a tant de chiens non désirés qu'il est tentant pour un vétérinaire d'annoncer à une personne dont la chienne vient d'avoir une portée de chiots bâtards que cette croyance est vraie, que l'œuvre d'un mystérieux géniteur entraînera à jamais des rejetons croisés. Ainsi, les propriétaires sont plus enclins à faire châtrer leur animal.

L'honnêteté nous force cependant à admettre que si votre golden retriever met au monde une série de chiots tachetés qui ressemblent au mâle du voisin, tout n'est pas perdu. Si vous lui permettez de s'accoupler ensuite avec un autre golden retriever, ses chiots seront d'authentiques golden retrievers eux aussi.

Bien sûr, nous espérons tout de même que vous procéderez à l'opération de votre chienne, à moins que vous ne vouliez augmenter les risques qu'elle développe un cancer ou une autre des maladies mortelles qui frappent les chiens non châtrés. Ou à moins que vous ne souhaitiez faire de l'animal une reproductrice réputée, ce qui implique de payer des sommes importantes pour vous assurer que votre chienne est exempte de défectuosités héréditaires, comme les troubles oculaires et la dysplasie de la hanche. Et de passer les huit premières semaines à observer attentivement les chiots pour qu'ils deviennent des petits compagnons parfaits.

Par conséquent, si vous espérez arrondir vos fins de mois en vendant des chiots pure race mais que votre chienne a fait d'autres plans pendant ses chaleurs, promettez-nous que vous ferez tout en votre pouvoir pour trouver des familles d'accueil chaleureuses pour vos petits bâtards.

Considérez ensuite la possibilité de faire châtrer la chienne afin d'éviter que de tels événements se reproduisent. Elle sera plus en santé, et vous serez plus heureux de ne plus avoir à surveiller tous ses éventuels prétendants.

Q: Est-il possible que plusieurs petits dans une portée n'aient pas le même père?

R: Évidemment, tous les chiots d'une portée ont la même mère, mais ils peuvent effectivement avoir des pères différents. Ça peut arriver naturellement, si une femelle en chaleur sort et trouve plus d'un volontaire. Par contre, ça peut aussi arriver de façon intentionnelle.

Dans des fermes d'élevage, on ne permet plus aux femelles de tomber enceintes trop souvent parce qu'on sait que ce n'est pas sain pour l'animal. Par contre, si vous avez une championne et souhaitez lui permettre de léguer son bagage génétique, vous pouvez prendre en considération la possibilité de l'accoupler non pas avec un mais deux fabuleux mâles reproducteurs. En plus, grâce à l'insémination artificielle, le futur papa n'a même pas à se présenter en personne.

Comment fait-on alors pour démêler les géniteurs et établir un pedigree valable? Un test d'ADN fera l'affaire.

Ces avancées technologiques ne sont pas sans semer la controverse. Chez certaines races rares, les portées issues de pères multiples sont considérées comme une façon d'amener de la diversité dans un bagage génétique dangereusement pauvre. Par contre, d'autres croient que l'insémination artificielle et les portées impliquant des pères multiples ne sont tout simplement pas souhaitables dans un monde où la reproduction canine fonctionne très bien d'elle-même, sans aide technique, depuis des milliers d'années.

Il n'a pas fallu de temps pour qu'un esprit tordu trouve une autre application aux tests d'ADN pour chiens. En effet, autrefois, vous ne pouviez prouver que le bâtard du voisin avait sauté la clôture et était venu se reproduire avec votre championne, même si les chiots qui étaient nés de son passage lui ressemblaient comme deux gouttes d'eau. Maintenant, vous pouvez le prouver. Eh oui, il y a eu quelques poursuites en la matière, et il y en aura d'autres encore…

Q: Un mâle peut-il s'accoupler avec sa mère? Une femelle peut-elle s'accoupler avec son père? Ne savent-ils pas que c'est mal?

R: L'idée que les humains se font de la moralité ne trouve aucun écho chez les chiens. C'est pourquoi les chiennes réagissent plutôt ainsi: «Je suis en chaleur. J'ai besoin de me reproduire. Lui, il a ce qu'il faut. Viens ici, mon gros…»

Les gens croient parfois que le chien est le seul des deux partenaires qui est intéressé par l'accouplement (ils se fient à leur dernier party à l'université…). Or une femelle en chaleur est parfaitement en mesure de travailler, et très fort, pour trouver de quoi se satisfaire. Elle peut même se coller à une clôture faite d'un grillage à mailles losangées, s'accroupir pour permettre l'accès à de plus petits soupirants ou même titiller des mâles châtrés afin de les entraîner dans un rapport qui, parfois, est quand même possible, malgré l'impossibilité de déboucher sur la mise bas de petits chiots.

Voilà pourquoi le mâle sait ceci: «Elle est en chaleur! Un instant, j'arrive!»

Vous gardez deux spécimens d'une précédente portée, un mâle et une femelle? Un chiot avec sa mère? Une petite chienne et son père? Ne soyez pas surpris de voir la femelle tomber enceinte!

Bref, peu importe à quel point les chiens sont liés génétiquement, ils s'accoupleront s'ils le peuvent. C'est une simple question d'hormones. Et ils se foutent éperdument que les humains ne trouvent pas cela acceptable.

Q: Pourquoi les chiens restent-ils collés, les regards opposés, après l'accouplement?

R: Avant qu'existent les programmes visant à stériliser les chiens à grande échelle – et les règlements obligeant les gens à garder leur animal en laisse –, les Roméo canins erraient longtemps à la recherche de leur tendre moitié en chaleur. Lorsqu'ils captaient enfin ses effluves, peu de choses pouvaient les empêcher de se pointer à leur rendez-vous galant.

Plusieurs enfants ont eu leur première leçon de vie (vous savez, celle qui remplace l'histoire des choux et des cigognes) non pas sur Internet mais en observant des chiens du voisinage s'accoupler. Ce qu'ils ont pu remarquer, c'est qu'après l'acte, les chiens restent collés ensemble et qu'ils se tournent de façon à ne plus se voir mutuellement. S'agit-il de caresses post-coïtales? Pas du tout.

Aux yeux de l'amateur de chiens moderne, cette position largement observée par le passé paraît improbable, voire franchement inconfortable. Pourtant, c'est tout à fait dans l'ordre des choses quand on est un chien.

Commençons avec la mécanique. Le pénis du chien, caché dans une enveloppe protectrice appelée prépuce, montre le bout de son nez quand l'animal entre en érection. La base du pénis enfle pendant la copulation afin de verrouiller l'organe et de le maintenir dans l'orifice de la femelle. Après l'accouplement, les muscles de la femelle se contractent autour de la base du pénis, et le chien se retrouve «lié» à sa compagne pour une période allant de 30 à 60 minutes.

Cette opération vise à éviter que le sperme du mâle ne s'échappe et ceci augmente les chances de la femelle de tomber enceinte. Pendant qu'il attend, le mâle se tourne pour regarder en direction opposée à la femelle. C'est plus facile pour lui que pour elle: lui supporte seulement son poids sur ses deux pattes arrière, tandis qu'elle doit supporter celui de son compagnon en plus du sien.

Tenter de séparer les tourtereaux pendant cette phase pourrait entraîner des blessures importantes chez l'un ou l'autre des deux chiens. Si la situation n'évolue aucunement après 60 minutes, les experts recommandent d'utiliser un boyau d'arrosage et d'asperger la croupe du chien pour qu'il opère le retrait. On peut aussi placer un sac de glace sur ses testicules. Ouch!

Elle...

Environ la moitié de mes chiens sont des animaux que j'ai recueillis. Quant à l'autre moitié, il s'agit d'animaux dotés d'un pedigree. J'ai choisi ces derniers afin de les faire participer à diverses compétitions, incluant des expositions canines.

Heather, une Flat-Coated retriever de la meilleure lignée, fut mon premier chien d'exposition. Comme elle devait participer à un championnat d'obéissance, j'ai dû remettre à plus tard l'opération visant à la stériliser. En effet, les compétitions canines existent pour évaluer les possibilités de reproduction. Si un animal a été châtré, il n'a donc aucune chance de léguer ses gènes. C'est d'ailleurs pourquoi vous voyez des juges glisser leur main entre les pattes des mâles: ils comptent les testicules. Si l'animal en a moins de deux, il est disqualifié. C'est étrange, mais c'est ce qui se passe dans une compétition de ce genre.

Avec Heather, j'avais un autre Flat-Coated retriever qui s'appelait Ben. Il s'est joint à mon clan après une courte carrière comme donneur de sang dans un hôpital vétérinaire – une profession noble, certes, mais que vous ne pratiquez pas pendant toute votre vie. Ben était châtré, et son affection pour Heather n'était que platonique, du moins au début.

Comme bien des gens, j'avais toujours pensé que le sexe, même chez les chiens, était surtout l'affaire des mâles. Après tout, n'est-ce pas eux qui bondissent par-dessus les clôtures ou qui creusent des trous pour suivre la trace olfactive d'une femelle en chaleur? Peut-être, mais certaines femelles font tout ce qu'elles peuvent pour que la rencontre soit possible. Heather était ce genre de fille!

Quand elle fut en chaleur, elle harcela Ben sans répit, allant jusqu'à lui mettre son arrière-train sous le museau encore et encore. Le pauvre garçon ne savait pas trop ce qu'elle voulait ni comment il pouvait l'aider. Il se tenait là, l'air confus. Exaspérée, Heather semblait dire: «Je sais que tu as tout ce qu'il me faut. Tu n'as qu'à l'utiliser!»

La scène se produisit deux fois par année pendant trois ans, avec comme seul résultat que Heather était frustrée et Ben, malheureux. Ce fut donc un soulagement pour tout le monde lorsque Heather mis fin à sa carrière et se rendit à son rendez-vous chez le vétérinaire.

- Gina Spadafori

«Y a pas que les mâles
qui pensent à ça.»

Q: Un chien qui a grandi peut-il reconnaître sa mère ou ses frères et sœurs s'il les rencontre à nouveau?

R: Personne ne peut l'affirmer sans l'ombre d'un doute. Par contre, plus d'un éleveur réputé a pu observer que des membres d'une même famille semblent se reconnaître et tissent même des affinités naturelles. Et, après tout, cela n'a rien d'incroyable. En effet, le cerveau des chiots est complètement développé vers l'âge de huit semaines environ. Ainsi, les chiots peuvent garder en mémoire une image des membres de leur famille.

Cela ne signifie pas cependant qu'ils sont tous heureux de se revoir! Comme nous, les humains, le savons si bien, les relations familiales peuvent être très complexes…

Q: Pourquoi la castration entraîne-t-elle parfois tant de complications?

R: Il est bien normal que les humains se sentent coupables d'emmener leur chien pour une agréable randonnée en voiture qui se termine à la clinique vétérinaire. Pire encore, lorsque le voyage en question, si paisible en apparence, a pour but de lui retirer ses bijoux de famille! Tous les mâles de toutes les espèces ont droit d'exprimer ici un gémissement collectif.

En fait, la castration est l'une des opérations de routine les plus faciles à réaliser pour un vétérinaire. Par contre, parfois, les choses sont plus complexes qu'elles ne le paraissaient au départ. Chez certains chiens, tout ce qui devrait exister entre leurs deux pattes n'est pas nécessairement à la bonne place. Entre autres, l'un des testicules peut être demeuré dans l'abdomen au lieu de descendre naturellement vers le climat plus tempéré du scrotum. Dans ce cas, le vétérinaire doit partir à la recherche du testicule récalcitrant.

Si vous êtes le genre de personne qui aime parier sur tout et rien, voici quelques données intéressantes:

• La cryptorchidie unilatérale (un seul testicule dans le scrotum) est trois fois plus commune que la cryptorchidie bilatérale (les deux testicules sont cachés dans l'abdomen).

- Le testicule droit est retenu dans l'abdomen deux fois plus souvent que le gauche.
- Tous les chiens affectés par la cryptorchidie sont des mâles (petite blague pour voir si vous étiez toujours attentif).

La relocalisation chirurgicale d'un testicule (le fait d'aller chercher le testicule dans l'abdomen pour le replanter dans le scrotum) n'est pas considérée comme une intervention éthique. Par conséquent, le vétérinaire commencera l'opération en retirant le testicule du scrotum, puis procédera à une chirurgie exploratoire afin de trouver et de cueillir le fruit capricieux.

La cryptorchidie est génétique et commune chez les caniches nains, les terriers yorkshire et les poméraniens. Chez les éleveurs, on élimine ces désordres génétiques en faisant châtrer les animaux «coupables».

Q: Les chiennes ont-elles une horloge biologique?

R: Les chiens ne forment pas des groupes d'entraide pour se lamenter sur leur incapacité à se reproduire ou sur les occasions ratées de le faire. Par contre, les grossesses nerveuses existent chez les chiennes non châtrées. Les causes sont alors d'ordre hormonal, et non émotif.

Parmi les indices d'une grossesse nerveuse, il y a la tendance d'une femelle à préparer son nid, à materner des animaux en peluche et à sécréter du lait. Certaines peuvent même avoir le bedon qui arrondit et avoir des contractions. Ces symptômes sont notables trois à six semaines après la période habituelle des chaleurs et sont causés par une anomalie dans le cycle hormonal.

Si les symptômes sont légers, le problème se résoudra de lui-même en moins de trois semaines. Pendant ce temps, il peut être tentant de déposer des compresses chaudes sur le flanc de l'animal ou d'envelopper son abdomen afin d'éviter les écoulements de lait. Ce n'est toutefois pas conseillé, car toute stimulation des glandes mammaires entraîne une surproduction de lait.

Des symptômes importants ou graves requerront l'aide d'un vétérinaire. Une fois la grossesse nerveuse passée, la chienne peut être opérée sans danger, ce qui préviendra une nouvelle crise du genre – ainsi que de véritables grossesses, bien entendu!

Une fois l'opération terminée, nous pouvons vous assurer que votre chienne ne pensera pas une seule fois à ces petits qu'elle n'a jamais eus!

R: Pendant longtemps, des organismes vétérinaires ont approuvé l'opération de rejetons aussi jeunes que huit semaines. C'est que bien des gens quittaient les refuges pour animaux avec une chienne non stérilisée, promettant de la faire opérer bientôt, mais y retournaient plus tard avec toute une portée. Voilà qui n'arrangeait rien à la surpopulation canine.

Aujourd'hui, bien des refuges pour animaux pratiquent de telles opérations sur des chiens en bas âge, mais l'âge de six mois demeure idéal pour faire châtrer un chien. Rappelons que cette opération, sur une femelle, protège l'animal contre certains cancers et infections mortelles. Les avantages ne sont pas aussi évidents chez un mâle (bien qu'on ait de sérieuses raisons de croire que cela diminue le risque de contracter des tumeurs aux testicules ou de développer des problèmes de prostate), mais les avantages comportementaux sont énormes. En effet, les chiens castrés ont moins tendance à se battre, à marquer leur territoire et à errer.

Demandez à votre vétérinaire de vous parler des avantages de l'opération et du meilleur moment pour y procéder. Il est bon d'en être informé, peu importe l'âge de votre compagnon canin.

Q: Pourquoi les chiens aiment-ils se faire caresser le ventre et les oreilles?

R: Quand on veut se sentir bien, quoi de mieux pour un chien que de se faire caresser gentiment le bedon ou gratter derrière les oreilles? Quelques pistes de réflexion expliquent pourquoi les chiens aiment tant cela.

D'abord, les oreilles. Les chiens aiment probablement se les faire flatter parce que, du point de vue neurologique, de doux massages dans ce secteur permettent de relaxer. Le nerf pneumogastrique dessert une bonne partie de l'oreille, le stimuler aide les fonctions restauratrices. Cet effet calmant tempère également les réactions plus vives engendrées par le système nerveux sympathique.

Ce n'est qu'une partie de l'explication, mais cela signifie simplement que le fait de titiller les oreilles d'un chien place ce dernier dans sa zone de confort. En fait, ça peut aller jusqu'à aider un chien nerveux à faire une pause relaxation.

Le léchage des oreilles serait par ailleurs considéré comme une forme de préliminaires par nos amis à quatre pattes. Ce comportement séducteur vient surtout du mâle. Toutefois, si un chien lèche constamment les oreilles de votre chien, cela devrait vous inciter à les examiner de près. Les infections de l'oreille déclenchent en effet une production excessive de cire ou de pus, deux substances propices à cha-touiller les papilles des autres chiens (beurk!). Par con-séquent, avant d'en conclure que votre chien est en proie aux avances d'un grand séducteur, assurez-vous que ses canaux auditifs sont en santé, rosés, et qu'ils dégagent une odeur agréable.

Parlons maintenant des câlins sur le bedon. Le fait de caresser une région précise permet de stimuler la circulation sanguine et de calmer les tensions. On croit aussi que lorsqu'un chien s'allonge sur le dos, cela lui permet de dégager la partie de son corps la moins poilue. Ainsi, le ventre en l'air, il peut se rafraîchir à même cette charmante petite brise qui passe.

Pour un chien, se montrer le ventre peut aussi être un signe de soumission. L'animal vous indique peut-être ainsi qu'il respecte votre autorité, mais ce n'est pas tout. Une fois que vous commencez à le cha-touiller, à le caresser ou à lui gratouiller gentiment le ventre, le chien apprend vite à apprécier l'expérience et s'y prêtera volontiers de plus en plus souvent.

Q: Pourquoi un chien a-t-il des tics nerveux si on touche certaines zones sensibles de son ventre, de ses flancs ou de sa croupe?

R: Mettez ça sur le compte des puces, comme bien des gens le font. Par contre, même un chien qui n'a pas de puces réagira ainsi lorsqu'on le touche à des endroits irrités. Si leurs terminaisons nerveuses détectent quelque chose qui les chatouille, les chiens lèveront automatiquement la patte pour se gratter, jusqu'à ce que leur malaise soit soulagé.

La réaction sera plus prononcée si vous caressez un chien près de sa croupe, à la base de la queue, ainsi que sur la partie supérieure des flancs et sur le ventre – là où les puces aiment se rassembler. Votre chien a beau savoir que vous ferez tout le travail pour lui, il ne peut s'empêcher de lever la patte pour faire le geste de se gratter!

Le réflexe de la patte qui se lève pour gratter une partie du corps est tellement automatique que les vétérinaires s'en servent au cours d'examens neurologiques lorsqu'ils suspectent la présence d'un dommage aux vertèbres.

Q: Pourquoi certains chiens font-ils des parties de jambes en l'air avec leurs jouets?

R: Pour la même raison que les humains mâles se grattent l'entrejambe: parce que ça fait du bien! Les chiens adolescents non castrés sont sûrement les plus susceptibles d'adopter un tel comportement, les animaux en peluche étant leurs cibles préférées.

La castration atténue l'appétit sexuel, mais elle ne met toutefois pas nécessairement un terme à cette relation si intime qu'entretient l'animal avec son jouet de prédilection.

Autre question: pourquoi les chiens se lèchent-ils les parties génitales? «Parce qu'ils le peuvent», répondent certains! En fait, il y a un peu de vrai là-dedans. Ce comportement est certes motivé par un souci de propreté intégrale, mais il est sûr que les chiens agissent ainsi parce qu'ils y trouvent un certain plaisir.

Si le comportement vous paraît exagéré, il est préférable de consulter un vétérinaire, car il se peut en effet que votre chien se lèche en raison d'un problème d'ordre médical.

Q: Pourquoi les chiens mangent-ils de l'herbe même si ça semble les faire vomir?

R: Selon une théorie, le fait de manger et de vomir de l'herbe a eu des effets bénéfiques au cours de l'évolution du chien. Si l'animal sauvage mangeait quelque chose sans savoir que ce serait mauvais pour lui, il est probable qu'il avait alors la nausée. Cela déclenchait un instinct qui le poussait à manger plus d'herbe qu'à l'accoutumée. L'herbe se mêlait à la substance indigeste et irritait la paroi interne de l'estomac, entraînant la régurgitation à la fois de l'herbe et de l'aliment indésirable. De nos jours, selon cette théorie, tous les chiens ont tendance à manger de l'herbe lorsqu'ils ont la nausée, même si elle n'est pas causée par une source alimentaire.

Une autre théorie prétend que les chiens mangent de l'herbe parce qu'ils en aiment le goût ou que cela satisfait leurs besoins en fibres alimentaires et en chlorophylle, deux éléments qui aident à la bonne digestion. Cela expliquerait que les chiens mangent souvent de petites quantités d'herbe sans pour autant vomir.

En vérité, personne ne sait exactement pourquoi les chiens mangent de l'herbe. Toutefois, il n'y a aucune raison de les en empêcher, tant qu'ils le font de manière modérée.

Q: Est-il juste d'accuser votre chien chaque fois qu'une odeur nauséabonde flotte dans l'air?

R: Les chiens sont souvent pointés du doigt lorsque survient une odeur fétide dans une pièce. Après tout, pourriez-vous accuser grand-maman ou le poisson rouge?

Des substances inodores (azote, oxygène, hydrogène, dioxyde de carbone et méthane) composent 99 % des gaz intestinaux des chiens (et des gens). La mauvaise odeur de ces gaz vient plutôt de composés sulfurés volatils, comme le sulfure d'hydrogène.

Les flatulences canines sont la plupart du temps causées par la fermentation, dans le côlon, d'aliments renfermant beaucoup de fibres, de protéines peu digestes ou de grandes quantités d'oligosaccharides, des sucres qu'on retrouve dans les haricots ou les fèves de soja. Attention aux fruits comme les pommes, les raisins et les bananes!

Plusieurs chiens, par ailleurs, ne tolèrent pas les produits laitiers. Si vous avez l'habitude de donner de la crème glacée, du fromage ou du lait à votre chien, il aura probablement des gaz.

Pour mettre fin aux problèmes de flatulences de votre chien, votre vétérinaire peut vous indiquer comment faire en sorte que l'animal ingurgite moins d'air en mangeant. Des changements diététiques sont bien sûr au menu afin de diminuer l'apport en fibres dans le régime alimentaire de votre chien. Et puis, allez vous promener à l'extérieur afin de faire faire un peu d'exercice à votre chien. Cela stimulera ses intestins. Et s'il laisse échapper des gaz, le grand air fera en sorte que personne ne sentira rien!

Eh oui, il existe des entreprises qui se sont penchées sur les flatulences canines et qui y ont apporté leurs solutions. Le CurTail permet de diminuer l'intensité de l'odeur, tandis que le Doggone Thong consiste en une lanière – qu'on installe sur la queue du chien – dans laquelle a été insérée une capsule de charbon, celle-ci permettant d'emprisonner les effluves intestinaux.
Incroyable, n'est-ce pas?

Q: Est-il préférable de nourrir un chien une ou deux fois par jour ou de lui laisser de la nourriture afin qu'il mange chaque fois qu'il en ressent le besoin?

R: Il existe des chiens qui savent quand s'arrêter, même devant un buffet à volonté. Évidemment, nous savons qu'il est bien plus facile pour tout maître de garder la gamelle pleine, mais il semble qu'il ne soit pas facile pour tous les chiens d'écouter les signaux de satiété que leur envoie leur corps. En effet, plus de 40 % des chiens âgés de 5 à 11 ans font de l'embonpoint ou, pire, sont obèses. Cela laisse à penser qu'il est préférable de mesurer la quantité de nourriture que l'on donne aux chiens plutôt que de les laisser déterminer eux-mêmes le moment où ils seront rassasiés.

En plus des aspects nutritifs, il existe plusieurs avantages – certains d'ordre comportemental et d'autres liés à la santé – à contrôler la quantité de nourriture de votre chien. Enseigner à un chiot à s'assoir en utilisant sa gamelle est très facile: tenez le bol au-dessus de la tête de l'animal, puis dites «assis». Le petit perdra l'équilibre, son derrière touchera le sol et… voilà! La nourriture que vous lui donnerez servira à renforcer ce comportement. Vous pouvez aussi vous servir de ce stratagème pour lui apprendre d'autres ordres, comme «couché» et «reste». Votre chien sera très motivé à réussir, ce qui facilitera d'autant plus votre travail.

La réponse n'est toutefois pas aussi claire à la question de savoir s'il faut nourrir son chien une ou deux fois par jour. Plusieurs personnes préfèrent séparer la ration quotidienne en deux portions, peut-être parce que ça semble la chose à faire et peut-être parce qu'il est difficile de résister à deux grands yeux qui vous regardent d'un air pitoyable lorsque vous vous trouvez à table.

Le fait de mesurer la quantité de nourriture que vous donnez à votre chien a un autre avantage: celui d'établir son appétit normal. Ainsi, si un changement survient dans ses habitudes alimentaires, signe qu'il y a quelque chose qui cloche dans sa santé, vous serez en mesure de le détecter immédiatement et d'en aviser votre vétérinaire.

Enfin, essayez de ne pas nourrir votre chien seulement avec des aliments en solde ou bon marché. Ne vous laissez pas prendre non plus par les emballages colorés et les conseils de vos voisins. L'alimentation est cruciale pour la santé de votre chien. Ainsi, nous vous suggérons fortement de parler à votre vétérinaire afin qu'il vous recommande un type de nourriture spécifiquement adapté à l'animal.

Q: Comment puis-je savoir si mon chien fait de l'embonpoint?

R: Avec toutes les races de chien qui existent, il est impossible d'établir une règle uniforme, comme l'indice de masse corporelle chez les humains, qui permettrait de déterminer si votre animal a ou non des kilos en trop. Comment en effet comparer un animal trapu comme le bulldog à des races élancées comme les lévriers? Et ce qui est normal pour le carlin ne l'est pas nécessairement pour le cocker.

Ça ne veut toutefois pas dire qu'il est impossible de savoir si votre chien a un poids santé. Si vous pouvez sentir ses côtes derrière une mince couche de graisse, c'est qu'il ne fait pas d'embonpoint. La base de la queue renfermera elle aussi un peu de gras. Il ne faut toutefois pas qu'elle fasse une bosse, le contour du dos gardant sa courbe habituelle pour se démarquer de la base de la queue. Un chien doté d'un poids santé présente aussi une sorte de vide derrière la cage thoracique, ce qui lui donne une taille bien définie.

Par contre, chez un chien trop gros, les côtes et la base de la queue seront difficiles à toucher à cause d'une trop importante couche de graisse. Vu de dessus, il pourrait ressembler à une table basse! De profil, la graisse pendra de son ventre.

La plupart des gens devraient reconnaître qu'un chien montrant de tels signes est obèse. Pourtant, les vétérinaires reçoivent souvent des chiens si gros qu'ils ont de la difficulté à respirer. Or, leurs propriétaires admettent du bout des lèvres que l'animal a tout au plus quelques grammes en trop. En fait, il en faut peu pour que ce poids supplémentaire devienne néfaste pour le chien. Écoutez donc toujours ce que vous dira votre vétérinaire et mettez votre chien à la diète!

Les problèmes d'obésité chez les chiens vont de pair avec ceux des humains et semblent empirer chaque jour. Pourquoi alors ne pas entreprendre un programme conjoint de remise en forme?

Q: Pourquoi les chiens ont-ils besoin d'être vaccinés tout au long de leur vie, alors que les humains se contentent de quelques injections dans leur enfance?

R: Bien que la vaccination ait sauvé la vie à d'innombrables chiens, elle n'est pas sans danger. Voilà pourquoi les protocoles ont changé récemment.

Autrefois, on injectait une dose annuelle d'un produit combinant plusieurs vaccins (un mélange contre la maladie de Carré, l'adénovirus 2, la leptospirose, le parainfluenza, le parvovirus et le coronavirus). Cette méthode a été remplacée par une approche plus individuelle.

Cette approche personnalisée commence après les premiers vaccins donnés aux chiots. Les injections de rappel sont ensuite données tous les trois ans, certaines étant nécessaires, d'autres non. Cela dépend du lieu où vit le chien et des risques auxquels il est exposé. Les piqûres contre la rage sont, bien sûr, obligatoires, car cette maladie peut être transmise aux humains.

Seul votre vétérinaire connaît l'historique médical de votre chien, son état de santé, son style de vie et les risques liés à son environnement. Vous devriez lui parler pour savoir quels types de vaccins sont nécessaires. Et ne sautez pas votre examen annuel, même si votre animal n'a pas besoin de vaccin cette fois-ci.

Q: Les humains peuvent-ils attraper certaines maladies de leur chien?

R: Si vous saviez tout ce que vous risquez à cause de votre chien – la rage, les vers et dieu sait quoi encore –, ce serait suffisant pour ne plus en avoir ou pour vous envelopper dans un habit de plastique stérilisé. Les scientifiques appellent ces maladies «affections zoonotiques», et on en trouve une liste assez terrifiante. Toutefois, il est rare qu'une maladie sérieuse soit réellement transmise d'un chien à un humain.

Au sommet de cette liste, on trouve la rage, une maladie mortelle plus commune chez les animaux sauvages que chez les animaux de compagnie en raison des programmes intensifs de vaccination préventive. D'autres problèmes mettent en cause des bactéries. Notons à ce sujet que les chiens peuvent transmettre la salmonellose, la leptospirose et le campylobacter.

Il y a aussi les parasites. Votre chien peut être porteur de plathelminthe, d'ankylostome, de vers ronds, de la maladie de Lyme et de Giardia, sans compter la teigne, une sorte de mycose.

La plupart du temps, on peut éviter ces maladies en s'assurant que le chien reste en santé (correctement vacciné et exempt de tout parasite) et en instaurant une routine visant à conserver une bonne hygiène dans la maison, ce qui inclut de fréquents lavages des mains.

Votre avis, je m'en balance!

Il y a quelques années, j'ai réalisé, à l'émission *Good Morning America*, un topo sérieux et scientifique sur les affections zoonotiques – des maladies qui peuvent être transmises des animaux aux humains. Parmi ces affections, il y a de vilaines choses comme la rage, les vers ronds, la psittacose, les parasites, la Giardia et la maladie des griffures de chat (qui porte le nom pompeux de lymphoréticulose bénigne d'inoculation).

Devant plus de quatre millions de téléspectateurs, j'ai alors affirmé que, pour des raisons d'ordre scientifique, hygiénique et sécuritaire, personne ne devrait embrasser son chien sur le museau ni laisser ce dernier lécher le visage de son maître.

Ce jour-là, après avoir fait la navette entre New York et mon oasis montagneux dans le nord de l'Idaho, je suis arrivé chez moi et j'ai reçu l'accolade habituelle de Scooter, le fox terrier Wire, et de Sirloin, le labrador retriever, c'est-à-dire le comité d'accueil officiel de mon ranch, Almost Heaven. Alors que les deux chiens se ruaient sur moi dans une avalanche de poils, j'ai eu un accès d'amnésie: j'ai laissé Scooter et Sirloin m'embrasser à qui mieux mieux!

Comment pouvais-je, à titre de vétérinaire célèbre et adulé (je m'auto-attribue ce titre!), faire exactement le contraire de ce que je venais de conseiller à des millions de gens? L'explication vient simplement d'un choc entre les sentiments et la logique. En effet, mon cerveau contrôlait bien mes émotions devant les caméras, mais celles-ci m'ont rattrapé au détour lorsque j'ai reçu le mot de bienvenue de mes petits compagnons. Et vous êtes sûrement bien placé pour savoir que quand votre tête entre en conflit avec votre cœur, c'est toujours ce dernier qui l'emporte!

- Dr Marty Becker

Q: Si un chien se lèche une plaie, guérira-t-elle plus vite?

R: Le pensez-vous vraiment? Un peu de savon et d'eau, voire une petite dose d'antibiotiques, fera bien mieux l'affaire.

La principale raison pour laquelle les chiens lèchent leurs plaies, c'est que celles-ci contiennent une substance gorgée de glucose. Quant à l'action de la langue râpeuse du chien sur une blessure, elle se résume à ceci: elle nettoie la plaie des impuretés qui s'y trouvent (la peau morte notamment, mais aussi la poussière, les poils et autres contaminants). Le fait de se lécher peut aussi stimuler la circulation sanguine, ce qui permet d'accélérer la guérison. Certains scientifiques ont affirmé avoir trouvé des éléments chimiques dans la salive du chien qui permettent de guérir les blessures, mais ces éléments n'auraient que peu d'effet en réalité.

R: Les appareils dentaires ne sont pas seulement utiles pour les humains. Et les chiens n'en portent pas seulement parce qu'ils sont vaniteux: ils en portent parce qu'ils souffrent. Qu'est-ce que vous feriez si une de vos dents s'appuyait sur vos gencives ou sur votre palais chaque fois que vous mordez ou mâchez quelque chose? En fait, l'éthique des vétérinaires les empêche de procéder à une telle opération seulement pour des raisons cosmétiques.

En plus de s'en servir pour mâcher, un chien utilise ses dents aussi souvent que nous utilisons nos mains: il en a besoin pour explorer son monde ou manipuler des objets. Si les mâchoires du chien ne se referment pas correctement, l'animal aura autant de mal à s'acclimater à son environnement qu'un humain qui perdrait ses deux mains. Des questions de santé sont aussi liées à ce genre de problèmes dentaires: manger peut alors être douloureux pour des chiens ayant une mauvaise dentition, ce qui peut entraîner des problèmes de malnutrition, le chien refusant de manger par crainte d'avoir mal.

Les dentistes vétérinaires agissent sur une dent à la fois, et le processus peut prendre aussi peu de temps que deux ou trois mois (contrairement aux humains, qui doivent porter leur appareil deux à trois ans). Les dents des chiens tendent en effet à demeurer en place, ou sont gardées en place par les autres dents qui les entourent. Ainsi, on n'a pas besoin d'utiliser d'ancrages.

Les rottweilers, les maltais et les caniches sont particulièrement prédisposés à des problèmes de dents qui peuvent être réparés par des broches ou d'autres moyens visant à placer une dent dans une position plus adéquate. En d'autres termes, avec l'aide d'un bon dentiste vétérinaire, ils peuvent arriver à mordre aussi bien qu'ils jappent.

Q: **Se peut-il qu'un chien ait besoin d'un traitement de canal?**

R: Oui. On peut aussi leur faire des couronnes. Par contre, les chiens ont la chance, contrairement aux humains, de subir ces interventions sous anesthésie générale. Par conséquent, ils n'entendent pas le bruit strident de la perceuse, ne sentent pas l'appel du sol, ne souffrent aucunement et ne savent même pas ce qui se passe.

Lorsqu'une dent se brise, le nerf est exposé, ce qui est aussi douloureux pour un chien que pour un humain. Quand ça arrive chez un chien, c'est souvent parce qu'il a mâché des jouets de plastique dur ou des roches. Retenez cet avertissement donné par des dentistes vétérinaires: si vous ne pouvez supporter d'être frappé sur le genou par un jouet appartenant à votre chien, c'est qu'il est trop dur pour que votre chien le mâche.

Les dents qui se cassent le plus souvent sont les canines (ces longs couteaux sur le devant) et les prémolaires de la mâchoire supérieure. Or, si on ne soigne pas ces blessures, l'infection causera un abcès dans la mâchoire et s'étendra au reste du système.

Parce que le chien utilise ses dents pour mâcher, ramasser et transporter des objets et pour garder en place ce thermostat rose qu'on appelle la langue, le traitement de canal et la couronne constituent des solutions courantes à des problèmes dentaires. Dans la plupart des cas, le traitement de canal permet de guérir l'infection interne et permet au chien de conserver son sourire intact. La couronne vient compléter le traitement. L'autre solution consiste à retirer la dent, tout simplement.

Par contre, sachez que laisser une dent cassée sans la traiter ne doit en aucun cas être considéré comme une solution valable.

«Voyez comme mes dents sont belles.»

Q: La bouche d'un chien est-elle vraiment plus propre que celle des humains?

R: Ouf… Vous n'avez pas besoin d'être un expert en hygiène buccale pour savoir qu'un animal qui mange des crottes de chat, qui fouille dans les ordures, qui lèche ses propres parties génitales et qui est fasciné par l'arrière-train des autres chiens n'est pas exactement du genre à avoir une gueule très propre. Il est même difficile de croire que quelqu'un ait pu penser cela, et que cette croyance ait circulé pendant si longtemps. Surtout que les humains, depuis longtemps, se brossent les dents, se gargarisent, visitent le dentiste et s'inquiètent des germes qui causent la mauvaise haleine.

Donc, est-ce que la bouche des chiens est plus propre que la nôtre? Pas du tout!

Laisseriez-vous votre animal préféré vous lécher goulûment la joue? N'importe quel expert en santé publique vous dirait de ne pas le laisser faire mais, bon… Vous ne devriez pas trop en souffrir.

Toutefois, il y a quelque chose d'amusant dans la psyché humaine. En effet, bien des gens sont dégoûtés à l'idée d'embrasser à pleine bouche une autre personne, malgré tous les efforts d'hygiène habituellement consacrés à cette partie du corps. Or, qui hésiterait à laisser son chien lui faire de gentilles caresses, même si l'animal a très peu de considération pour son haleine?

L'amour canin, peu importe la langue

Il y a quelques années, un ami m'a donné un t-shirt sur lequel était inscrit, en français: «J'embrasse mon chien sur la bouche.» Comme il n'y avait aucune illustration sur le vêtement, bien des gens me demandaient de traduire...

Donc, pendant des années, avant que le t-shirt ne tombe en loques, j'ai pu observer la réaction des gens face à la traduction de cette phrase. Ceux qui aiment les chiens esquissaient un sourire. Parfois même, ils riaient, quelques-uns allant jusqu'à admettre, l'air penaud, qu'ils s'adonnaient à cette habitude.

Par contre, avec d'autres personnes, c'était très différent, et leur sourire se volatilisait dès qu'ils se représentaient l'image d'un baiser peu importe où près de la gueule du chien. Les plus polis d'entre eux souriaient avant de décamper comme si j'avais été contaminée, comme si j'avais pu être contagieuse. Certaines personnes étaient même fâchées et se sentaient obligées de partager avec moi leur dégoût des chiens. Celles-là se lançaient alors dans une diatribe contre un voisin dont le chien laissait ses cartes de visite partout sur leur gazon ou jappait toutes les nuits.

Une fois leur colère exprimée, ces personnes se tenaient devant moi, attendant une réponse de ma part, attendant que je défende tous les chiens et leurs propriétaires parce que... j'embrasse mes chiens sur la bouche! Vive la différence!

- Gina Spadafori

Q: Y a-t-il un remède contre l'haleine de chien?

R: L'haleine d'un chien est une insulte à toutes les odeurs voisines de la putridité. Les vétérinaires vous diront d'ailleurs que l'haleine entre souvent dans le cabinet d'examen alors que le chien se trouve encore dans la salle d'attente.

Nous, humains, savons que notre bouche est peu fréquentable si nous oublions, ne serait-ce qu'une journée, de nous brosser les dents. Or, les chiens ne se brossent pas plus les dents qu'ils ne se passent le fil de soie dentaire ou qu'ils ne se gargarisent! Sans compter tout ce qu'ils mangent – et que nous ne voudrions pas répéter encore une fois!

Par contre, alors que votre chien finit par ne plus sentir le petit goûter qu'il est allé chercher dans la litière du chat, d'autres mauvaises odeurs ne s'en vont jamais vraiment. C'est que bien des chiens n'ont pas juste un problème de mauvaise haleine: leur bouche est malade!

Les maladies orales sont les plus courantes parmi les problèmes de santé que rencontrent les chiens. En fait, 80 % des chiens montrent des signes de ces maladies avant l'âge de trois ans. Ce qui commence sous forme de tartre ou de plaque se transforme en maladies parodontales (destruction de la gencive et de

la structure osseuse supportant les dents) et systé-
miques, celles-ci touchant des organes vitaux comme
le foie, les reins et le cœur.

Les risques de contracter des maladies orales et
la gravité des cas varient d'un chien à l'autre. Les races
de petits chiens sont plus susceptibles d'être touchés
par ce problème parce que leurs dents sont serrées les
unes sur les autres. Elles ne se nettoient pas totalement
lorsque l'animal mâche un jouet ou de la nourriture
sèche. La structure osseuse autour des dents est également plus mince et se désagrège plus vite. Les petits
chiens vivent aussi plus longtemps, laissant ainsi plus
de temps pour que se mettent en place les mécanismes
menant à l'apparition de maladies orales. Enfin, les
chiens qui ont une santé chancelante ou qui sont mal
nourris ne peuvent lutter contre la bactérie responsable des maladies parodontales.

Certains fabricants d'aliments pour chiens ont
mis sur le marché de la nourriture qui aide à maintenir
les dents et les gencives des chiens propres (les vétérinaires les appellent des brosses à dents comestibles),
mais la meilleure façon de combattre les maladies
orales consiste à acheter une brosse à dents pour
chiens. Des dentifrices pour chiens (ce sont des animaux qui ne peuvent cracher) sont aussi disponibles,
en plus de serviettes et de gels dentaires.

Bien sûr, le fait de mâcher permet aussi à un
chien de nettoyer ses dents. Il y a d'ailleurs plusieurs

produits qui permettent aux chiens de satisfaire leur besoin de ronger.

Les études ont démontré que les chiens qui ont une bonne santé buccale vivent 15 % plus longtemps, soit deux ans de plus que la moyenne. Il est donc sage d'inclure des examens et des nettoyages dentaires au programme de votre chien afin de vous assurer qu'il soit en bonne santé. Encore une fois, votre vétérinaire sera en mesure de vous indiquer les produits appropriés pour garder l'haleine de votre compagnon la plus fraîche possible.

« La mauvaise haleine, ça me fait dresser les oreilles sur la tête. »

Q: Certains chiens ont-ils besoin de chirurgie esthétique?

R: Il arrive que le visage du chien montre des plis inesthétiques, que ses paupières se retournent, que ses cils ou ses poils frottent contre sa cornée. Vous savez combien ça fait mal d'avoir un cil dans l'œil? Imaginez l'action érosive d'un véritable petit peigne se promenant dans l'œil d'un animal particulièrement sujet à des défauts esthétiques du genre, comme c'est le cas des bulldogs, des pékinois, des Shar Pei ou des carlins. À la longue, cela peut entraîner un inconfort extrême, voire la cécité.

La chirurgie esthétique est une solution courante et permanente pour régler le problème. Par contre, le Botox a aussi été utilisé pour replacer des paupières ou des plis capricieux.

Oui, ces deux traitements modifient l'apparence du chien. Par contre, c'est bien plus une question de confort que de vanité.

Q: Est-il vrai que les chiens peuvent attraper des puces de chats?

R: Oui, mais n'en accusez pas les chats!

En 1834, un Français nommé Bouché saisit une puce sur un chat, la décrivit dans la littérature scientifique et lui donna le nom de *Pulex felis* (*felis* étant le mot latin pour chat). S'il avait tort pour la première partie de ce nom scientifique, il fut néanmoins le premier à utiliser *felis* pour désigner une espèce de puce. La Société d'entomologie, qui donne un nom à tous les insectes, a rectifié le tir en nommant *Ctenocephalides felis* ce qu'on appelle communément la puce de chat.

Bouché aurait pu prendre la même puce sur un chien, un renard ou un lynx en France et, aujourd'hui, nous l'appellerions puce de chien, de renard ou de lynx. Il y a une puce de chien (*Ctenocephalides canis*) qui, comme vous vous en doutez, a été décrite après avoir été prélevée sur les poils d'un chien. Toutefois, il s'agit d'une espèce rare qui n'a été que peu observée en Amérique du Nord au cours des 20 dernières années. Dans la plupart des pays, la puce du chat est la plus commune et on la trouve à la fois sur les chiens et sur les chats.

Il existe environ 500 espèces de puces,
chacune étant nommée à partir de son plat
de résistance favori.
Il y a même une puce de l'humain.

«Garde donc tes puces pour toi.»

Q: La maladie d'Alzheimer affecte-t-elle les chiens?

R: Les chiens vivent longtemps et sont sujets à développer les mêmes maladies liées au vieillissement que leurs compagnons humains. L'une des plus dévastatrices est la dysfonction cognitive canine, qui ressemble effectivement à l'Alzheimer. Elle affecte des millions de chiens en réduisant leurs fonctions cérébrales et en entraînant souvent des changements comportementaux.

Comme l'humain atteint d'Alzheimer, le chien semblera perdu dans son environnement et aura du mal à reconnaître ses proches. Il peut agir de manière confuse, être désorienté; il dormira plus souvent pendant le jour et moins pendant la nuit et peut faire fréquemment des petits dégâts sur le plancher de la maison.

Imaginez la scène si vous passiez d'une télévision en couleurs à une télé en noir et blanc ou d'une chaîne stéréo à une fréquence AM à la radio. C'est un peu cela qui se produit quand un chien développe la maladie.

Dans certains cas, un changement dans le régime alimentaire peut aider. D'autres chiens auront cependant besoin de médicaments conçus pour lutter contre la dysfonction cognitive canine. Dans tous les cas, l'avis du vétérinaire est nécessaire.

Q: Mon vétérinaire m'a donné une ordonnance que je dois présenter dans une pharmacie. Un peu plus tard, j'ai lu qu'on donne parfois du Prozac aux animaux de compagnie. Les médicaments pour humains sont-ils sécuritaires pour les chiens?

R: Même si cela semble étrange, il n'y a rien de nouveau dans le fait que des médicaments conçus pour les humains soient administrés à des chiens. En fait, si les vétérinaires ne pouvaient pas prescrire des médicaments pour les humains à des chiens, ils priveraient ces derniers des meilleurs soins. Ces médicaments font partie d'une pratique vétérinaire normale, et leur utilisation est basée sur des études largement documentées et des consensus scientifiques.

Par contre, il peut y avoir des différences dans la façon de les administrer. Un furosémide, conçu pour le traitement de l'insuffisance cardiaque, sera utilisé de la même façon chez l'humain et le chien. Toutefois, le Prozac, utilisé pour lutter contre la dépression humaine, fait souvent partie d'un ensemble d'approches (médication et modifications comportementales et environnementales) visant à corriger des problèmes comme l'angoisse de séparation chez le chien.

Votre vétérinaire devrait pouvoir vous expliquer tous les risques et les avantages qu'entraîne la prise d'un médicament par un animal. Posez le plus de questions possible (de quoi est fait le produit en question, combien de temps faudra-t-il l'administrer, etc.), jusqu'à ce que vous compreniez ce que le traitement implique pour vous et votre chien. Si vous avez des doutes pendant le traitement, n'hésitez pas à téléphoner à votre vétérinaire.

Sachez enfin que ce ne sont pas tous les médicaments humains qui sont bons pour les chiens. Avant de donner quelque produit que ce soit à votre chien – même s'il s'agit d'un remède à base d'herbes ou d'un produit en vente libre –, demandez conseil à votre vétérinaire. En effet, ce qui peut être bénéfique pour vous pourrait être dangereux pour votre chien.

Q: J'ai lu que certains chiens prennent du Viagra, même s'ils sont castrés. Pourquoi?

R: C'est vrai que les chiens castrés n'ont besoin d'aucune aide en matière de sexe. Après l'opération, ils ne se sentent plus du tout concernés par la chose...

Le Viagra toutefois est parfois prescrit à la fois aux humains et aux animaux de compagnie afin de soulager les symptômes d'une grave hypertension pulmonaire (une forte pression dans les vaisseaux des poumons). Cette maladie affaiblit beaucoup l'animal, et des chiens affectés peuvent avoir du mal à marcher sans s'effondrer. Une fois qu'ils ont reçu une dose adéquate de Viagra, ces chiens peuvent recommencer à faire de courtes promenades et, graduellement, reprendre une vie normale.

Q: Les chiens transpirent-ils?

R: Comparativement à leur maître, les chiens ont bien peu de glandes sudoripares. Ils en ont sur les coussinets des pattes. C'est donc dire qu'ils suent des pieds, ainsi que des parties les moins poilues de leur anatomie. Par contre, c'est en haletant que les chiens stabilisent leur température interne.

L'halètement (et non l'allaitement) consiste en une respiration rapide et superficielle qui améliore l'évaporation d'eau par la langue, la gueule et les voies respiratoires supérieures. La chaleur quitte donc l'organisme sous forme de vapeur d'eau.

Les chiens vont aussi se lécher et répandre de la salive sur leur corps et leurs membres pour se rafraîchir. Essayez leur technique: léchez-vous une partie du bras, et vous verrez que ça vous procurera un peu de fraîcheur. Par ailleurs, le fait de s'allonger sur le dos permet aussi à un chien de rafraîchir les parties moins poilues de son ventre.

En dépit de ces stratégies et du mécanisme d'halètement, les chiens sont toutefois sujets aux coups de chaleur. Les symptômes sont une soif intense, de la faiblesse, de l'inconfort et de l'anxiété. Un chien victime d'un coup de chaleur cherche l'ombre et les surfaces fraîches; il peut aussi rester accroupi sans bouger comme une grenouille. Le coup de chaleur doit être pris au sérieux. Il se développe en quelques minutes et peut être fatal si on n'intervient pas immédiatement en emmenant l'animal chez le vétérinaire.

La prévention demeure le meilleur traitement. Lors des journées chaudes, évitez d'exciter votre chien, laissez-le dans un endroit frais et calme et donnez-lui de l'eau fraîche. Vous ferez de l'athlétisme quand la température redeviendra supportable.

L'halètement peut atteindre le rythme de 300 à 400 respirations à la minute (le rythme normal du chien n'est que de 30 à 40 respirations à la minute). Pourtant, il demande très peu d'effort. En raison de l'élasticité naturelle des poumons et des bronches, l'halètement n'entraîne pas de dépense excessive d'énergie et ne fait pas monter la chaleur interne du chien.

Q: Comment les chiens peuvent-ils marcher sur des surfaces très chaudes ou très froides sans se blesser?

R: L'épaisseur des coussinets sous les pattes des chiens explique ce comportement «tout terrain». Par rapport à nous, les chiens ont aussi deux pattes de plus, ce qui est un avantage sur un terrain accidenté.

Ça ne signifie pas qu'un chien n'a pas droit à une petite protection supplémentaire. Par exemple, les chiens de traîneau portent souvent des pantoufles, bien qu'ils aient une meilleure traction sur la glace sans ces accessoires, car leurs griffes servent d'ancrages. Dans les villes aussi, certains chiens portent des pantoufles en hiver. Ça leur permet d'éviter de poser la patte sur du calcium ou d'autres produits antidérapants versés sur les trottoirs.

Q: Quand un chien se traîne le derrière sur le sol, cela veut-il dire qu'il a des vers?

R: Pas nécessairement. Les chiens aiment amuser leur famille ou mettre leur maître dans l'embarras devant des invités. Mais non, c'est une blague, voyons! Si un chien se promène sur le derrière sur le tapis ou le gazon, c'est qu'il essaie de soulager une démangeaison ou une irritation. Les parasites de type plathelminthe ou vers ronds peuvent avoir un effet assez irritant. Ils peuvent aussi se trouver dans des particules de matières fécales collées aux poils près de l'anus. Or, couper ces poils est un travail fort difficile.

Vous pouvez jeter un œil sur les glandes anales vous-même, mais demandez-vous d'abord si vous voulez vraiment voir ce genre de choses… Purger ces glandes anales régulièrement (en faire sortir le contenu) n'est pas difficile à apprendre, mais la technique qu'elle demande et l'odeur qu'elle engendre ne conviennent assurément pas aux gens qui ont facilement la nausée.

C'est pourquoi on laisse aux professionnels, la plupart du temps, le soin de s'occuper du derrière des chiens. Ainsi, si votre chien fait du traîneau sur le sol, emmenez-le donc chez le vétérinaire afin que celui-ci y regarde de plus près…

Si vous constatez la présence de parasites autour
du rectum ou dans les selles de votre chien –
les segments de vers de type plathelminthe,
par exemple, ressemblent à des grains de riz
non cuits –, gardez-en un échantillon
dans un contenant et apportez le tout
chez le vétérinaire afin de procéder
à un diagnostic plus précis.

«Non, non,
je n'ai pas
de vers.»

Q: Un chien peut-il attraper un coup de soleil?

R: Le risque d'une surexposition au soleil est bien réel pour plusieurs chiens. Non seulement ils peuvent attraper des coups de soleil, mais ils peuvent aussi contracter un cancer de la peau.

Les chiens les plus susceptibles d'être affectés par les maladies de la peau et les cancers causés par le soleil sont ceux qui ont un pelage court et pâle, une peau pâle et des poils épars. C'est donc le cas des dalmatiens, des bull terriers, des Staffordshire bull terriers, des whippets et des lévriers. Plus ces animaux sont exposés au soleil, plus les risques qu'ils tombent malades augmentent.

Le cancer de la peau peut frapper des chiens âgés d'à peine quatre ans, ce qui explique pourquoi la prévention est si importante. En fait, le seul moyen de protéger l'animal consiste à limiter son exposition aux rayons du soleil. Ne le laissez pas prendre des bains de soleil, installez-lui un porche ou un store et faites-lui porter un t-shirt protecteur.

Un écran solaire peut-il être efficace? Absolument! Utilisez un produit pour enfants sans parfum, à l'épreuve de l'eau. Appliquez-en sur les parties du corps du chien qui n'ont presque pas de poils, comme le bout des oreilles et du nez.

Q: Est-il vrai qu'un chien est en santé quand son museau est frais et humide?

R: C'est à peu près ça. Pour comprendre ce mystère, on doit d'abord comprendre pourquoi le museau du chien est humide. Des larmes sont constamment produites afin de lubrifier les yeux d'un chien. Parce que cette lubrification est si importante pour la santé des yeux du chien, celui-ci ne court aucun risque et produit plus de larmes qu'il n'en a besoin. L'excès de larmes coule ensuite à travers le conduit lacrymo-nasal et sort à la base du museau. (Vous avez peut-être expérimenté la chose en pleurant.)

Lorsque les larmes coulent de son museau, le chien se lèche, répandant ainsi le liquide lacrymal. Par la suite, l'évaporation fait en sorte de garder frais le nez de l'animal. Le résultat, c'est un nez humide qui dissout mieux les particules en suspension dans l'air, ce qui contribue à procurer un meilleur odorat au chien.

Lorsqu'un chien est malade, son corps utilise davantage ses ressources en cau pour combattre sa maladie. C'est particulièrement vrai quand l'animal a de la fièvre. Cela peut donc entraîner de la déshydratation, même si le chien boit une quantité normale de liquide. Ainsi, le chien n'arrive plus à produire autant de larmes, ce qui assèche son museau.

Toutefois, un museau sec peut aussi être causé par l'halètement pendant une journée chaude. Certains chiens (comme les caniches et les lhasa apso) peuvent avoir les joues rouges à cause d'un conduit lacrymal bloqué, qui empêchera les larmes de mouiller leur museau.

En résumé, sachez qu'un museau humide est l'indicateur d'une bonne hydratation, mais qu'un museau sec indique une maladie seulement s'il s'accompagne d'autres symptômes, comme de la léthargie.

Un chien bien calme fait officiellement de la fièvre lorsque sa température dépasse 39,2 °C (102,5 °F). Pour le savoir, vous pouvez lui insérer un thermomètre là où le soleil ne brille jamais, ou utiliser un de ces nouveaux thermomètres à insérer dans l'oreille qui vous donnera un résultat instantané.

Q: La formule «une année de chien égale à sept années humaines» fonctionne-t-elle vraiment?

R: Pas vraiment. Voyons d'abord comment cette croyance a pris naissance. L'âge de 70 ans est à peu de choses près représentatif de l'espérance de vie moderne, alors que 10 ans est la moyenne de vie de plusieurs chiens, même si certains d'entre eux, en particulier les plus petits, vivent beaucoup plus longtemps. Divisez 70 par 10 et vous obtenez quoi? Sept.

Par contre, un chien âgé d'un an doit être considéré comme un adulte: il est sexuellement mature, et très près aussi d'être physiquement et mentalement adulte. Le développement d'un chien de cet âge est bien plus avancé que celui d'un enfant de sept ans, toutes proportions gardées. La règle du sept pour un ne saurait donc être appliquée à un jeune chien.

Les huit premiers mois de la vie d'un chien équivalent à environ 13 années humaines: c'est le passage de la naissance à la puberté, en quelque sorte. À l'âge d'un an, un chien ressemble donc à un jeune adulte de 18 ans qui a encore bien des choses à apprendre. Après deux ans, lorsqu'un chien atteint l'équivalent de 21 années humaines, chaque année de sa vie valent approximativement cinq années humaines.

Ce sont des estimations, bien sûr, car le fait est que les différentes espèces de chiens vieillissent à leur propre rythme. Les petits chiens atteignent en effet la puberté à l'âge de cinq mois, alors que chez les chiens plus grands, la femelle doit attendre un an et demi avant d'être en chaleur pour la première fois.

Ceci étant dit, quand un chien devient-il vieux? Les races majestueuses, comme les grands danois, deviennent des aînés à l'âge de six ans. Les labradors retrievers peuvent être considérés comme vieux vers l'âge de huit ans. Par contre, un petit chien comme le poméranien peut se comporter comme un adulte bien portant bien après son dixième anniversaire.

Q: Si les chiens sont carnivores, pourquoi ne les nourrissons-nous pas exclusivement avec de la viande?

R: Nourrir un chien ne devrait pas vous empêcher de dormir. Ils mangent ce qu'on leur donne, tout simplement. Ils mangent ce que nous laissons traîner. Ils mangent ce que les autres animaux laissent traîner. Ils tuent pour se nourrir et mangent les restes de ce que d'autres animaux ont tué. Ils font de leur mieux avec ce qu'on leur donne et avec ce qu'ils chipent à droite à gauche.

Contrairement aux chats, qui sont de purs carnivores et qui n'ont que très peu d'intérêt pour des aliments non carnés, les chiens sont plutôt omnivores: ils peuvent survivre avec toutes sortes d'aliments.

L'approche qui consiste à donner un peu de tout au chien avait du sens dans les milieux ruraux, là où le chien pouvait combler ses besoins en chassant un petit rongeur ou un lapin, en ramassant des restes dans la cuisine du fermier ou des restes d'abattage chez le boucher. Mais la plupart des chiens habitent maintenant la ville ou la banlieue, où les règlements les tiennent en laisse, ce qui réduit considérablement les occasions de chasse…

Tout grand changement social entraîne de bonnes occasions d'affaires, c'est pourquoi l'industrie de la nourriture pour animaux de compagnie est née et a véritablement pris son envol après la Deuxième Guerre mondiale, avec les avancées agricoles et la recherche de la facilité.

Dans bien des cas, au départ, les aliments pour animaux de compagnie permettaient d'utiliser les restes de la production agroalimentaire visant à nourrir les humains. Ce n'est plus vraiment le cas aujourd'hui. Comme les animaux sont devenus des membres à part entière de nos familles, les compagnies se sont ajustées. Aujourd'hui, on trouve donc des centaines de produits, à toutes sortes de prix, et qui contiennent une impressionnante variété d'ingrédients, tous basés sur des décennies de recherches sur la santé des chiens.

Surprise: il n'y a pas que de la viande là-dedans! Les céréales sont devenues le principal ingrédient de la nourriture pour animaux parce qu'elles représentent une source de protéines intéressante et abordable, mais aussi parce que les aliments qui combinent la viande, les céréales et d'autres ingrédients sont assez stables pour être livrés et stockés, tout en restant frais jusqu'à ce que vous les serviez.

Des générations de chiens ont vécu longtemps et en santé grâce à la nourriture commerciale renfermant de multiples sources de protéines. Ça ne veut pas dire qu'ils ne peuvent survivre en mangeant uniquement de la viande. Toutefois, l'idée que nous nous faisons de la viande – de la chair et des muscles – n'est qu'une partie de la diète d'un animal sauvage. En fait, les chiens sauvages mangent aussi la peau, les os, les intestins et même le contenu de l'estomac de leurs proies. Un chien bien entretenu qui se nourrirait seulement de filets mignons pourrait même développer de sérieux problèmes de malnutrition.

«J'aime bien la viande, mais je peux manger bien des choses.»

Q: Est-il correct de donner des os de poulet à mon chien?

R: En aucun cas, les os de volailles cuits ne devraient faire partie du menu des chiens. Sur ce point, tout le monde s'entend. Ces os cèdent facilement (même nous, les humains, nous pouvons les briser avec nos dents) et forment de petits morceaux qui peuvent s'accrocher à n'importe quelle partie du système digestif des chiens. Pour ce qui est des os crus toutefois, la question n'est pas aussi claire.

Au cours des dernières années, de plus en plus de propriétaires de chiens ont entrepris de préparer eux-mêmes la nourriture de pitou. Ils utilisent des ingrédients biologiques crus et frais: la viande et les os, en premier lieu, mais aussi des légumes et des céréales. L'idée de ce régime alimentaire est que, puisque les chiens sont carnivores, ils devraient se nourrir de la façon qui se rapproche le plus de ce qu'ils trouveraient dans la vie sauvage. Des pièces de volaille crue sont donc incluses dans ce régime alimentaire, ce qui inclut les os et tout le reste.

Les vétérinaires ont des avis partagés sur cette façon de nourrir son chien – en particulier sur les diètes incluant des os crus. Certains se montrent sceptiques; d'autres sont carrément contre: les raisons vont de la contamination bactérienne qu'entraîne la manipulation de la viande crue (dites bonjour à la salmonelle), jusqu'au fait que cette alimentation soit incomplète et qu'elle cause des problèmes de digestion parce qu'elle comprend de la volaille crue. Plusieurs de ces problèmes peuvent être évités par de simples ajustements dans la préparation de la nourriture. Par contre, le temps et l'argent consacrés à ce genre de repas faits maison dépassent largement l'énergie que les propriétaires de chiens sont prêts à y mettre.

En résumé, peut-on donner des os de poulet cuits? Non. Des os de poulet crus? Si vous le souhaitez, vous pouvez vous procurer un moulin à viande assez puissant pour réduire le tout en purée plutôt que de donner des os entiers à votre chien.

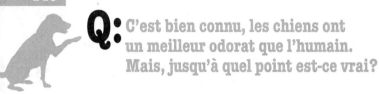

Q: C'est bien connu, les chiens ont un meilleur odorat que l'humain. Mais, jusqu'à quel point est-ce vrai?

R: Les humains possèdent environ cinq millions de récepteurs sensitifs dans leur nez. Les chiens, eux, en ont environ 200 millions. Les chiens peuvent détecter des odeurs minimes, même si les particules qui les émettent sont réduites à quelques infimes parties par million dans l'air ou dans un liquide. Leur museau est également conçu de façon à aspirer des échantillons en vue de les analyser.

Bien sûr, tous les museaux ne sont pas égaux. Un chien dont le museau est renfoncé, comme le Boston terrier, ne sera jamais capable de traquer des criminels en fuite. Par contre, une race développée pour créer de fins limiers, comme le chien de Saint-Hubert, aura une acuité olfactive telle que le résultat de son travail pourra constituer une preuve lors d'un procès en cour. En plus de son long et profond museau, le chien de Saint-Hubert a des oreilles qui relèvent les odeurs retenues au niveau du sol et des replis de peau qui les retiennent autour du visage.

Certains chiens sont utilisés depuis longtemps pour détecter de la drogue ou des explosifs, ou pour retrouver des personnes en cavale ou perdues. Toutefois, au cours des dernières années, on a commencé à dresser des chiens pour détecter la présence de tumeurs cancéreuses, la contrebande d'aliments, la contrefaçon de DVD, les termites, les punaises de lit, etc.

«Quel parfum!»

Q: Est-il vrai que les chiens ne peuvent pas voir le monde en couleurs?

R: Les chiens peuvent voir les couleurs, mais pas autant que nous. Et les couleurs qu'ils ne voient pas ne sont pas très chaudes. Cela rassurera ceux qui sont fatigués d'entendre combien les chiens ont un meilleur odorat et une meilleure ouïe, sont plus rapides et plus forts que nous.

En réalité, si les chiens n'ont pas une si bonne acuité visuelle, c'est tout simplement parce qu'ils n'en ont pas besoin. Par exemple, si vous lancez une balle de tennis sur le gazon, sa couleur jaune vous permettra de la retrouver facilement. Par contre, le chien trouverait la balle aussi facilement si elle était verte. Lui ne se soucie guère de ce genre de détails: c'est son nez qui lui permet de trouver l'objet recherché.

La capacité visuelle du chien lui suffit parfaitement pour repérer ses proies. Par comparaison, les humains ont développé l'habileté de voir les nuances et les détails, tandis que les yeux des chiens captent plutôt les mouvements.

Q: Pourquoi les chiens tournent-ils sur eux-mêmes et grattent-ils le sol avant de se coucher?

R: Chaque année, nous assistons à une grande foire de l'industrie des animaux de compagnie appelée le Global Pet Show, où les fabricants exposent leurs produits à des milliers de détaillants. Et chaque année, il nous semble que le nombre et la variété de lits pour chiens augmente de façon exponentielle. Des lits ronds, carrés, duveteux, fermes, couverts, des hamacs...

Pourtant, avant qu'on leur procure un petit nid douillet et luxueux fait de cèdre ou de chêne – avec le nom de pitou gravé dessus –, les chiens dormaient... dans la poussière, sur des feuilles mortes ou quelques branches. Dans une ferme, ils avaient aussi la possibilité de faire un somme dans le foin. Le fait de piétiner cet ensemble végétal permettait de rendre le tout plus confortable, le nid formé aidant à retenir la chaleur corporelle du chien. Quant au fait de gratter le sol, il permet au chien d'y laisser son odeur sans humidité (même les chiens n'aiment pas dormir dans un lit trempé d'urine). C'est en quelque sorte une façon de dire: «Ce pieu, c'est le mien!»

Avec tous ces lits maintenant offerts sur le marché, il n'est plus tellement nécessaire pour un chien de piétiner le sol. Néanmoins, l'animal aime que l'endroit où il se repose soit juste parfait pour lui. Après tout, nous suivons tous un petit rituel avant d'aller dormir: on tapote les oreillers, on secoue l'édredon… et on chasse le chien hors du lit.

Pour les chiens, le bon vieux temps, c'est maintenant

Ce courriel est arrivé inopinément, mais il était fort amusant. C'était le genre de blagues que des milliers d'internautes reçoivent tous à peu près en même temps.

Intitulée «Pour les baby boomers», cette lettre apportait un peu de lumière sur le fait que tout est considéré sous l'angle de la sécurité de nos jours: nos enfants ne peuvent plus jouer dehors sans porter une armure, alors que les boomers, lorsqu'ils étaient jeunes, ne donnaient aucun souci à leurs parents du moment qu'ils rentraient à la maison avant la tombée du jour. J'ai souri en me rappelant cette époque, bien lointaine de celle des enfants d'aujourd'hui, qui ont un horaire plus chargé que celui d'un médecin.

C'est alors que je suis arrivée à la dernière ligne de ce message sur «le bon vieux temps»: «Nos chiens couraient librement et n'allaient jamais chez le vétérinaire.»

Désolée, mais d'un seul coup ma nostalgie s'est éteinte! Je me souvenais maintenant de cette époque, mais avec beaucoup moins de joie. Je me rappelle ces chiens qui mouraient de la maladie de Carré, qui se faisaient frapper par des voitures ou qui se perdaient. Je me souviens des puces qui galopaient sur les chiens et de l'odeur que dégageaient des maladies de peau non traitées et des dents pourries. Je me souviens aussi de cette époque où dresser un chien se résumait à le punir et à ne jamais le récompenser pour ses bons comportements.

Oui, je suis d'accord avec les règlements qui nous obligent à garder nos chiens en laisse. Je préfère voir des animaux qui coopèrent avec leur maître plutôt que de les craindre. Et j'apprécie d'autant plus d'avoir eu un chien qui a vécu jusqu'à presque 16 ans, heureux et en santé. Pour cela, je remercie les vétérinaires et toutes les améliorations qu'ils ont apportées dans les soins aux animaux de compagnie au cours des dernières décennies.

Le bon vieux temps? Pour les chiens, c'est maintenant.

- Gina Spadafori

«Grâce aux bons soins de mon maître et de mon vétérinaire, ma vie est bien meilleure que celle des chiens d'autrefois.»

Q: Pourquoi doit-on couper les griffes des chiens? Le fait de marcher ne les use-il pas naturellement?

R: Si votre chien marchait autant que son lointain cousin sauvage, dans le sable et sur des montagnes caillouteuses, vous pourriez abandonner l'idée de lui faire une pédicure. Toutefois, la plupart des chiens vivent aujourd'hui sur du tapis ou du gazon et ne passent pas assez de temps en mouvement pour que cela ait un quelconque impact sur la longueur de leurs griffes. Ce sera donc à vous d'y voir. Un technicien ou un professionnel de l'esthétique se fera un plaisir de faire le travail pour vous.

Les problèmes surviennent lorsqu'on attend trop longtemps avant de procéder à la taille des griffes. Celles-ci peuvent alors atteindre une bonne longueur, et la séance de pédicure peut prendre une tournure dramatique. Plus l'expérience se révèle négative pour le chien, plus il sera difficile de lui couper les griffes par la suite. Certains animaux en finissent par résister tant qu'ils sont prêts à mordre. Une muselière devient alors le dernier recours pour accomplir une tâche de routine. Il y a heureusement une meilleure façon de procéder: commencez aussi tôt que possible en dressant votre chien à tolérer l'opération à l'aide de nombreuses gâteries.

Si vous utilisez une pince à ongles, prenez l'objet dans votre main et faites-le sentir à votre chien. Touchez-lui les pattes, les orteils puis les griffes avec la pince en le félicitant et en lui donnant une récompense à chaque étape. Lorsque l'animal accepte de se faire manipuler une patte, posez la pince sur la griffe, mais sans la couper. Faites simplement sentir à votre chien la sensation de l'outil sur sa griffe. Et n'oubliez jamais de le complimenter.

Quand tout se déroule calmement, coupez une toute petite partie de la griffe, puis procédez à une pédicure complète. Félicitez votre chien encore et encore. Donnez-lui toujours des gâteries. N'insistez pas s'il ne veut pas se laisser couper toutes les griffes en une seule séance. Contentez-vous d'une ou deux griffes par soir, jusqu'à ce que vous et votre chien soyez à l'aise d'en faire plus.

Certains chiens préfèrent qu'on leur lime les griffes au lieu de les couper. La lime permet d'éviter plus facilement le nerf et les vaisseaux sanguins au centre de la griffe. Vous pouvez utiliser une ponceuse conçue spécialement pour les griffes des chiens ou même un petit outil du genre Dremmel.

Encore une fois, allez-y doucement en donnant plein de récompenses à votre chien. Montrez-lui l'outil, faites-lui sentir près des pattes, faites-lui entendre le son qu'il produit. Les mots clés sont «récompenses», «félicitations» et «patience».

Vous souhaitez sûrement que votre chien use ses griffes lui-même. Nous le savons, mais nous savons aussi que ça n'arrivera pas et qu'il vous faudra un jour ou l'autre vous en occuper. Lentement. Avec beaucoup de récompenses. Soit dit en passant, vous pouvez aussi vous récompenser pour votre patience. Vous le méritez bien.

«C'est le temps de ma pédicure»

Q: Normalement, combien de temps les chiens passent-ils à dormir?

R: Un chien peut dormir pendant la moitié de son existence, soit de 10 à 13 heures par jour. Et plus il vieillit, plus il risque de dormir longtemps. Certaines races sont plus actives que d'autres (pensez au Jack Russel terrier par rapport à un basset Hound), et un chien qui va à l'extérieur restera éveillé plus longtemps que celui qui passe sa vie entre quatre murs.

La température peut aussi modifier les habitudes de sommeil d'un chien. Les animaux de compagnie ont en effet tendance à dormir plus longtemps par temps nuageux que lors des journées ensoleillées. Ils seront évidemment plus enclins à se blottir contre vous quand il fait froid plutôt que quand il fait chaud.

Une visite chez le vétérinaire s'imposera si votre chien semble dormir beaucoup plus qu'à son habitude ou s'il montre des signes de léthargie. C'est la même chose s'il dort moins, s'il est hyperactif ou s'il se montre agressif à son réveil.

Ça ne vous étonnera peut-être pas, mais des études révèlent que sept Américains sur dix qui partagent leur vie avec des animaux partagent aussi leur lit avec eux. Bonne nuit!

Q: Est-il vrai que seuls les chiens domestiqués peuvent dormir sur le dos?

R: Les gens croient que les chiens sont les seuls animaux de type canin capables de dormir sur le dos. En fait, les coyotes et les renards sauvages ainsi que certains loups en captivité aiment aussi se prélasser le ventre en l'air.

Deux conditions sont nécessaires pour que l'animal adopte ce comportement. D'abord, il doit se sentir en sécurité dans son environnement. Il doit ensuite être bien au chaud. Par temps froid, même un chien joyeux dormira recroquevillé sur lui-même pour conserver sa chaleur corporelle.

Q: Pourquoi les chiens enterrent-ils des os, et comment font-ils pour se rappeler où ils les ont mis?

R: Le chien est un véritable gourmet. Plus son os sera sale, maigre et odorant, meilleur il sera! C'est du moins l'opinion de plusieurs chiens qui, après avoir rongé les meilleurs morceaux de viande sur l'os, enterrent ce dernier afin de le laisser prendre de l'âge, comme on le ferait avec une bonne bouteille de vin.

Vous n'êtes pas d'accord? Vous avez bien raison! En fait, certains chiens (pas tous) enterrent des os parce que leurs ancêtres n'avaient pas droit au traitement de roi que les humains leur réserve maintenant, avec des bouchées de choix et compagnie. Autrefois, les chiens et les loups devaient se servir eux-mêmes. Parfois, ils étaient chanceux: la nourriture abondait pour tous. Mais en d'autres temps, ils avaient faim… à moins qu'ils n'aient prévu le coup en se gardant des réserves.

Cela explique que, même de nos jours, quand un chiens a le moindre doute au sujet de l'heure de son prochain repas, quelque chose lui dit que ce serait une bonne idée de cacher un os quelque part. Et une fois que l'os est enterré, pourquoi ne pas en profiter pour mettre de côté quelque chose d'autre. Une télécommande, peut-être? Une balle de tennis? Après tout, on ne sait jamais quand on aura besoin de ce genre de choses…

Mais revenons aux os. Comme stratégie, le fait d'en enterrer a du sens. Un os enfoui dans le sol est protégé contre les mouches et les larves. Loin des rayons dévastateurs du soleil, l'os se retrouve dans une sorte de glacière, surtout dans les régions plus froides. Une fois enterré, l'os ne sera peut-être pas remarqué. S'il l'est, un chien averti aura toutefois pris soin d'enterrer plusieurs os ici et là, la loi du nombre faisant en sorte de lui procurer assez de nourriture pour survivre. Du moins, s'il se rappelle où il a enterré tous ses os!

Alors, les chiens se rappellent-ils où ils les ont «plantés»? Il est plus probable qu'ils s'en rappellent grâce à leur nez si fin que grâce à leur mémoire, les chiens n'étant pas tellement bien pourvus de ce côté. Quant au fait de creuser, là aussi, il y a des chiens plus débrouillards que d'autres. Les terriers se retrouvent sans surprise en tête de liste (le mot «terrier» vient du latin *terra*, qui signifie tout bonnement «terre»). Ces chiens ont donc été nommés ainsi en référence à leur facilité à creuser le sol, pas seulement pour y découvrir des rongeurs ou des os mais par pur plaisir.

Certaines races nordiques sont vraiment douées
pour creuser le sol: elles s'abritent ainsi dans la neige
pour échapper à un vent glacial ou s'enfouissent
dans la terre fraîche pour combattre la chaleur.
Si vous étiez pourvu d'un manteau de fourrure
dont vous ne pouviez jamais vous départir,
vous creuseriez un trou dans la terre
en été vous aussi.

«Il me semblait bien avoir
caché un os par ici.»

Q: Pourquoi les chiens se reniflent-ils chaque fois qu'ils se rencontrent?

R: La bouche, les parties génitales et l'anus sont les régions du corps qui produisent les plus grandes concentrations d'odeurs. C'est vrai chez les humains aussi, même si nous faisons tout en notre pouvoir pour que ça ne paraisse pas. Les chiens peuvent toutefois lire dans les odeurs comme s'il s'agissait d'une encyclopédie – et les endroits où les odeurs sont les plus fortes constituent pour eux de véritables best-sellers. C'est tout naturel pour des animaux au nez aussi fin que les chiens. Pour eux, renifler de l'urine, des selles et de la salive, c'est l'équivalent pour un humain de faire une recherche dans Google.

Lorsque deux chiens se rencontrent, c'est généralement le chien dominant qui initiera la séance de reniflements dans l'intimité de son congénère (notons cependant que, pour un chien, aucune partie du corps n'est considérée comme étant une zone privée). Ainsi, l'une des fonctions de ce rituel est d'établir le lien hiérarchique.

Renifler ses compatriotes sous la queue permet aussi d'établir leur identité. Les glandes anales produisent en effet une puissante odeur âcre. Cette odeur est propre à chacun; c'est l'équivalent de nos empreintes digitales.

Les chiens portent aussi beaucoup d'attention aux odeurs d'urine. Nous, humains, n'avons même pas le début d'une idée de toute l'information qu'un chien peut aller chercher dans une simple goutte de pipi. Elle peut leur indiquer le genre de l'animal, son âge, son degré de stress, la période des chaleurs chez une femelle, et plus encore.

Bref, quand on a du nez, on s'en sert! En quelques reniflements, un chien sait tout d'un autre chien. Voilà pourquoi ils ne perdent pas de temps et vont tout de suite puiser à même la meilleure source d'information.

«Cette odeur me rappelle quelque chose.»

Q: Lorsque des chiens se lèchent mutuellement la gueule, est-ce qu'ils s'embrassent?

R: Le fait de lécher les lèvres d'un autre animal constitue, pour un chien, une tentative de se nourrir. En effet, lorsque des chiots sauvages effectuent la transition du lait maternel à la nourriture semi-solide, ils assaillent leur mère, lui léchant le museau pour qu'elle régurgite des aliments à moitié digérés pour ses chers petits. (Voilà d'ailleurs un autre exemple illustrant à quel point les chiens aiment manger des choses qui nous paraissent dégoûtantes.)

Ce comportement se transforme chez les chiens plus vieux en un geste pour être accepté par le reste d'un groupe. Vous observerez cela dans tout bon enclos réservé aux chiens. Les animaux plus jeunes, timides ou moins dominants se baisseront, puis essaieront de lécher les lèvres des chiens qu'ils considèrent comme supérieurs. Ce n'est pas vraiment un baiser mais plus une salutation, une façon pacifique d'établir ou de rétablir l'ordre social. Ainsi, tous les chiens arrivent à s'entendre sans avoir à étaler davantage les preuves de leur statut social.

En d'autres termes, chez les gens, un baiser n'est qu'un baiser. Par contre, chez les chiens, les conséquences d'un geste semblable sont nettement plus importantes.

Portraits de famille

La femme assise près de moi dans l'avion regardait par-dessus mon épaule pour voir le magazine vétérinaire que j'étais en train de lire. Finalement, après environ une heure, n'en pouvant plus, elle m'a demandé: «Êtes-vous vétérinaire?» Sachant qu'à partir de cet instant, je lui consacrerais le reste de mon voyage, j'ai mis le magazine de côté, j'ai regardé la dame dans les yeux et lui ai répondu: «Oui.»

«Je le savais», a-t-elle insisté. Les digues étaient à présent grandes ouvertes. «J'ai un cocker spaniel. Il s'appelle Joe (comme Joe Cocker!), et c'est comme mon bébé. Mon mari travaille beaucoup et mes enfants sont grands. Nous passons donc le plus clair de notre temps ensemble, Joe et moi, et c'est parfait pour moi.»

À ce moment, j'ai tenté d'aller au-delà du contact visuel et des signes de la tête en me joignant à sa conversation. J'ai ouvert la bouche pour dire quelque chose, mais ce moulin à paroles ne tarissait pas. Je me suis donc contenté d'écouter et de bouger la tête en guise d'acquiescement. Les vétérinaires sont habitués à ce genre de situation.

Finalement, la dame a sorti l'arme ultime qu'utilisent toutes les bonnes mères de famille: elle m'a montré des photos.

De nos jours, les photos d'animaux de compagnie sont partout. On en trouve dans les cartes de Noël, on les encadre pour les mettre sur son bureau, on les fixe sur le réfrigérateur et on se les envoie par courriel. On les imprime sur des porte-clés et on s'en fait faire de petites pour garder dans le portefeuille. Par contre, bien peu de gens ont eu à passer deux heures sur un vol de trois heures à regarder un cartable rempli des diverses tranches de la vie de Joe le Cocker.

Les propriétaires de chien sont souvent très heureux de partager des photos de leur animal avec d'autres personnes. Mais aux yeux de gens qui n'ont pas de chien, ces images peuvent entraîner une certaine lassitude. «Regardez cette photo. N'est-ce pas que Joe est charmant, couché sur la couverture de mon mari pendant qu'il est parti en voyage d'affaires?»

Pour des gens qui n'auraient jamais l'idée de partager leur lit avec autre chose qu'un humain, toutes ces belles images se ressemblent étrangement. Évitons donc les excès...

La dernière fois que j'ai visité la maison de ma mère, à Twin Falls, dans l'Idaho, j'ai remarqué plusieurs photos de nos schnauzers. Sur une table, un tas d'images mettait en vedette nos bien-aimés Pepsi, Katie et Ginger. Dans un cadre argenté luxueux posait Peanut Butter, notre belle princesse chevelue. Il y avait même une peinture des schnauzers sur le mur, dans un cadre doré.

Ces images des chiens se mêlaient-elles à des photos de famille de mes frères et sœurs, ainsi que de leur propre progéniture? Non. Seuls les chiens avaient droit à cette immortalité picturale.

En tant qu'ardent défenseur des animaux, je suis prêt à supporter bien des supplices, mais j'ai mes propres limites.

- Dr Marty Becker

Q: Pourquoi les chiens hurlent-ils lorsqu'ils entendent une sirène ou d'autres bruits du même genre?

R: Hurler est amusant. C'est comme être membre d'une chorale canine ou participer à une séance spontanée de karaoké pour chiens. C'est une façon pour des chiens éparpillés sur un vaste territoire et séparés les uns des autres par des clôtures de retrouver le loup en eux et de faire partie de quelque chose de plus grand – un groupe!

Il y a une croyance qui dit que les sirènes affectent l'oreille sensible des chiens, qui répondent en manifestant leur douleur. Toutefois, les comportementalistes penchent plutôt pour un comportement instinctif de groupe. Certains bruits – une sirène mais aussi certaines notes d'un violon – feront en sorte que le chien lèvera le nez en l'air et enchaînera avec sa psalmodie. Les autres chiens ne pourront alors s'empêcher de se joindre à lui...

Certaines races de chiens sont plus portées que d'autres sur les hurlements. Les races nordiques apparentées au loup s'y prêtent naturellement, tout comme les chiens de meute comme le beagle et le basset, chacun ayant toutefois des aboiements bien distincts.

Q: Les chiens subissent-ils l'effet de groupe? Un bon chien peut-il devenir mauvais sous l'influence des autres?

R: Comme les humains, les chiens sont des animaux sociaux. Et comme les humains, ils peuvent avoir soudain plus confiance en eux lorsqu'ils sont à l'intérieur d'un groupe et même y faire des choses qu'ils n'accompliraient jamais seuls.

Donc, oui, les chiens, comme les humains, peuvent faire des mauvais coups quand ils sont dans un groupe qui a sur eux une influence négative. Si un chien commence à aboyer, à pourchasser les autres chiens ou à les mordre, votre propre pitou si gentil peut très bien se mettre de la partie.

Q: Pourquoi certains chiens qui semblent si féroces lorsqu'ils se trouvent derrière une clôture deviennent-ils tout doux quand on enlève la barrière?

R: Tout comme certaines personnes, des chiens peuvent se montrer très braves... quand ils savent qu'ils ne risquent rien! Ainsi, de petits bagarreurs ne reculeront pas si la clôture disparaît, mais plusieurs se montreront plus sages.

La réaction dépend aussi de ce que protège la clôture, car un chien peut sentir le besoin de défendre son territoire. Peu importe si l'animal est un poltron ou un véritable dur qui n'hésitera pas à se battre pour assurer sa position, il risque fort d'être très gentil avec les autres s'il les rencontre en terrain neutre.

Enfin, il y a aussi ces chiens qui ont appris à courir vers la clôture en jappant. Pour ces derniers, tout cela n'est qu'un jeu.

Q: Quelle est la meilleure façon de mettre fin à une bagarre entre chiens?

R: Le mieux, c'est d'empêcher qu'elle éclate. Pour cela, vous devez bien connaître le langage corporel de votre chien et ses comportements. Un regard fixe est habituellement le premier indice qu'un conflit se prépare.

Si vous manquez les premiers symptômes d'une rixe, séparez les chiens aussitôt que possible, dès qu'ils commencent le combat. Chacun des maîtres doit tirer son animal par les pattes arrière, de sorte que celui-ci se retrouve la tête en bas. Ne laissez pas les chiens retomber sur leurs quatre pattes avant qu'ils soient calmés – c'est-à-dire qu'ils ne grognent plus, ne montrent plus les dents et ne tirent plus vers l'avant –, puis gardez-les loin l'un de l'autre.

Si vous êtes seul lorsqu'un combat éclate, sortez un boyau d'arrosage et ouvrez le jet d'eau à pleine puissance en direction des chiens. Du vinaigre blanc fera aussi l'affaire, mais vous devrez ensuite rincer les animaux. Le vinaigre est un acide et peut donc brûler s'il se retrouve dans les yeux, mais ce serait un moindre mal comparé à une lutte qui se prolongerait trop longtemps.

Par contre, n'essayez jamais de vous interposer dans la bagarre en saisissant un chien par le collet.

Vous seriez sûrement mordu. Ne criez pas non plus, ce serait interprété comme un signe d'encouragement.

C'est au propriétaire du chien qu'incombe la tâche de prévenir les blessures que son animal pourrait infliger aux autres chiens comme aux humains. Pour cela, il doit toujours rester attentif aux comportements de son chien. N'attendez pas que quelque chose se produise. Protégez votre chien contre les situations qui pourraient entraîner une bagarre. Si vous vous promenez dans un enclos pour chiens et qu'une bête arrive, l'air apeuré, il est préférable que vous quittiez les lieux.

Q: Les chiens apprennent-ils mieux quand ils sont récompensés ou quand ils sont punis?

R: Ce n'est pas le fait d'enseigner quelque chose à votre chien qui est important – les chiens apprendront autant s'ils sont punis ou récompensés –, mais plutôt le type de relation que vous voulez nouer avec lui. Par contre, comme le système de dressage basé sur la valorisation des comportements et les petites gâteries en nourriture semble très bien fonctionner, la plupart des dresseurs optent à présent pour cette approche positive.

Bien que les gens aient toujours dressé les chiens, le style plus autoritaire que bien des propriétaires de chiens ont appris vient – grosse surprise! – d'entraîneurs militaires. Par contre, au cours des dernières décennies, on ne met plus l'accent sur l'idée de «casser» les habitudes de l'animal. Les propriétaires de chiens sont donc invités à utiliser récompenses et encouragements afin de façonner le comportement de leur compagnon à quatre pattes et de le maintenir.

Une des raisons expliquant ce changement d'approche, c'est que nous préférons avoir des animaux au comportement stable, doux et sans danger pour les enfants.

Oui, l'animal peut apprendre s'il est puni. Malheureusement, l'une des choses qu'il apprendra, c'est que vous n'êtes pas particulièrement sympathique ou raisonnable. À l'opposé, un dressage basé sur des succès récompensés permettra de développer à la fois, si les étapes sont bien suivies, une saine relation et de bonnes habitudes comportementales. N'est-ce pas la meilleure solution pour tous?

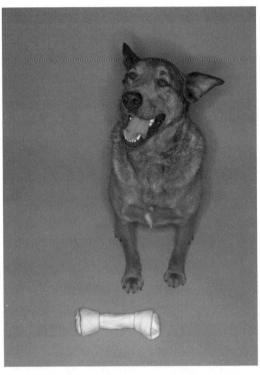

«J'ai très bien agi aujourd'hui.»

Une rencontre entre gens civilisés

Il y a environ 20 ans, j'ai participé à mon premier congrès de la Dog Writers Association of America (DWAA), qui se tient chaque année à New York. Cette association a été fondée il y a plus de 75 ans par un petit groupe de rédacteurs sportifs qui couvraient les expositions canines.

Aujourd'hui, les membres de la DWAA viennent de tous les médias – journaux, magazines, livres, Internet, radio et télévision. La seule chose qu'ils ont en commun, c'est leur intérêt pour les chiens. Ce n'est donc pas une surprise si plusieurs d'entre eux ont une grande expérience du dressage canin.

Lors de ce premier congrès auquel j'ai assisté, une odeur de controverse flottait dans l'air, mais j'étais trop novice pour m'en rendre compte (ou m'en faire avec ce genre de choses). Je me suis donc assise au fond de la salle et j'ai écouté. J'ai vite réalisé que les membres de la DWAA utilisaient les mêmes techniques que les chiens emploient entre eux – et que les bons dresseurs utilisent avec leurs chiens.

Pendant les discussions, chacun des intervenants baissait le ton et se dressait sur ses orteils comme un terrier ayant aperçu un rat. Les gens se lançaient des regards convaincus et confiants et, s'ils devaient céder sur un point du débat, ils détournaient docilement le regard.

Je ne me souviens plus des sujets de discussion que nous avons eus à ce moment-là, mais je me rappelle parfaitement du langage corporel des gens. C'était comme regarder des loups dans un enclos naturel – et j'ai pu apprécier le même spectacle à presque toutes les assemblées d'experts canins auxquelles j'ai assisté depuis.

- Gina Spadafori

Q: Pourquoi est-il si difficile d'enseigner à un chien à revenir vers son maître lorsque celui-ci l'appelle?

R: Il faut d'abord savoir qu'aucun ordre n'est plus important pour un chien que le mot «viens». Il pourrait même lui sauver la vie. Certaines personnes ne prennent pas le temps nécessaire d'apprendre à leur chien à répondre à cet appel ou, s'ils le font, ils ne prennent pas le temps de dresser complètement l'animal. Ainsi, ce dernier confond l'ordre à des distractions de plus en plus intéressantes.

D'autres propriétaires dressent leur chien, par inadvertance, à ne pas venir vers eux simplement parce qu'ils lui montrent toujours des choses qu'il n'aime pas voir. Par exemple, on l'appelle pour le mettre en face d'un désordre qu'il a causé, pour lui faire prendre son bain ou pour quitter le parc (et les autres chiens avec lesquels l'animal s'amusait). Bien vite, le chien apprend donc que «viens» signifie «viens faire quelque chose que tu ne veux pas faire». Répondriez-vous à ce genre d'appel?

En plus, les gens empirent encore les choses en grondant le chien qui n'arrive pas assez vite. Pas étonnant que la fois suivante, le chien se montre encore plus réticent.

Certains chiens de race ou croisés sont plus enclins que d'autres à répondre de façon naturelle à leur maître quand celui-ci les appelle. Toutefois, tous les chiens peuvent être dressé à le faire. Tout ce qu'il faut, c'est s'y prendre de la bonne façon. Pour y arriver, demandez l'aide d'un dresseur professionnel.

Par ailleurs, l'ordre «assis» peut vous être d'un précieux secours lorsqu'un chien en liberté refuse de revenir vers vous, même si vous vous êtes accroupi et l'appelez les bras grands ouverts. En effet, certains chiens répondent mieux à l'ordre «assis» qu'à «viens». En lui demandant de s'asseoir, le chien en liberté vous laissera juste assez de temps pour que vous l'approchiez et que vous lui remettiez sa laisse.

Si cela ne fonctionne pas, ne pourchassez pas votre chien. Il comprendra que vous voulez faire avec lui une course amusante et il ne voudra pas s'arrêter. À la place, courez dans la direction opposée dans l'espoir de titiller son instinct de chasseur (il pourrait alors vous rattraper, et vous aurez gagné!).

Q: Pourquoi certains chiens deviennent-ils fous lorsqu'ils voient quelqu'un en uniforme?

R: Il n'y a pas que les femmes qui craquent pour les uniformes! Pourquoi donc les chiens s'excitent-ils tant devant le facteur ou un autre professionnel en uniforme? La réponse, selon les dresseurs, c'est qu'ils ont appris cette routine agressive. Voici comment cela fonctionne.

Il est naturel pour un chien d'aboyer en signe d'avertissement lorsqu'un étranger s'approche de leur territoire. Dans le cas du facteur, voici un étranger qui passe chaque jour à peu près à la même heure. Le chien jappe donc pour alerter sa famille et pour suggérer (dans un langage que les chiens comprennent) à l'intrus qu'il s'introduit dans un espace réservé, protégé par l'animal.

Après ce branle-bas de combat, l'intrus quitte les lieux. Du point de vue du chien, c'est grâce à son action courageuse! Il ne se rend pas compte que le facteur ne fait que passer de maison en maison. Bref, pour le chien, le fait d'aboyer fait fuir l'intrus.

Avec le temps, la réaction du chien s'intensifie: il essaie toujours d'envoyer un message plus clair à l'étranger, mais celui-ci ne semble pas comprendre qu'il devrait rester à l'écart. Au fur et à mesure que le chien se déchaîne, les risques de morsures augmentent. Même des chiens très amicaux peuvent en venir à «bouffer du facteur». Avec le temps, cette réaction peut se déclencher chaque fois qu'une personne en uniforme – en particulier ceux qui ressemblent à celui du facteur – approche de la maison.

Aux États-Unis, le service des postes rapporte environ 3 000 morsures de chiens par année. Il donne une formation aux facteurs pour prévenir de tels accidents et cherche également à sensibiliser le public face à cette situation. Dans le meilleur intérêt des facteurs et des animaux, les propriétaires de chiens sont donc invités à retenir leur bête ou à les dresser pour éviter d'ajouter d'autres cas à ces statistiques alarmantes.

Si vous recevez votre courrier par une fente dans votre porte d'entrée, et si c'est à peu près toujours le même facteur qui vient vous le livrer, il y a un moyen de faire en sorte que votre chien ne cherche plus à l'amputer d'un ou deux doigts à chaque visite. Le facteur doit cependant vouloir coopérer, bien sûr. Laissez des biscuits pour chien dans un contenant hermétique à l'extérieur de votre demeure. Demandez au facteur de prendre un biscuit et de le jeter par la fente avec le reste du courrier. Ça peut prendre quelques semaines, mais votre chien finira par attendre avec joie l'arrivée d'un visiteur aussi généreux.

Q: Est-il vrai que les chiens qui jappent ne mordent pas?

R: Les chiens qui jappent peuvent mordre. Et ils mordent! C'est la même chose pour les chiens qui ne font aucun bruit. Ne vous fiez donc pas à la croyance voulant qu'un chien grogne avant de mordre. Cela pourrait vous jouer des tours.

«Attention! Je jappe et je peux mordre aussi.

Q: Est-ce qu'un système GPS pourrait nous aider à garder un œil sur notre chien?

R: La phrase la plus courante qu'entendent les vétérinaires de la part de propriétaires de chien en proie au désespoir parce que leur chien s'est enfui est la suivante: «Il n'a jamais quitté la cour auparavant.»

Le fait de perdre son chien est effrayant, et avec raison. Un animal de compagnie sur trois est perdu au moins une fois dans sa vie. Les chiens peuvent s'enfuir à cause d'un bruit (comme la sirène des pompiers) ou ils peuvent s'aventurer à l'extérieur de la cour parce qu'un jardinier ou un réparateur a laissé la porte de la clôture ouverte. C'est alors que des bêtes habituées à être dirigées par leur maître se retrouvent toutes seules dans les rues pour la première fois, sans y être préparées.

Malgré toutes ces fabuleuses histoires de chiens qui ont parcouru des centaines de kilomètres pour rejoindre leur famille, ces animaux ne sont équipés d'aucune structure interne qui leur indique le chemin pour rentrer chez eux. Certains chiens perdus pourraient donc bien être perdus pour toujours.

En fait, si votre chien s'absente sans permission, il compte sur vous pour le retrouver. Et ça risque d'être difficile, car aucun système d'identification ou de retraçage de chien perdu n'est parfait.

Les médailles d'identification constituent la première ligne de défense en la matière. Elles peuvent être très utiles pour réunir un propriétaire et son compagnon, mais il faut d'abord que le chien soit capturé. En plus, il est possible que la médaille ou que le collier tombe. Des tatouages ou une micropuce sont donc des solutions d'identification plus fiables, mais ils ne sont pas sans faille non plus. En effet, il faut d'abord localiser le chien, le capturer et avoir à sa disposition un appareil conçu pour décrypter la micropuce avant de crier victoire (on assume alors que la puce est enregistrée et que l'information inscrite est à jour). Quant aux tatouages, habituellement faits derrière l'oreille ou sur le flanc, ils ne sont pas toujours remarqués ni compris par les personnes qui recueillent le chien.

Évidemment, les technologies GPS (système de positionnement par satellite, ou *global positioning system*) et GSM (système mondial de communication avec les mobiles ou *global system for mobile communication*) pourraient permettre de garder le contact avec un chien. Il ne reste qu'à les adapter en conséquence.

Bien entendu, rien de ce que vous pourrez mettre sur votre chien ou dans votre chien ne vous garantira que l'animal sera protégé s'il se perd. C'est pourquoi il vaut mieux être proactif en ce domaine en installant de bonnes clôtures dotées de portes qui se referment bien toutes seules, ainsi qu'en attachant votre animal à une laisse solide.

Cela ne signifie pas que vous deviez éliminer les médailles, micropuces, tatouages et GPS de son univers. En effet, malgré toutes vos précautions, il se peut que votre chien décide d'aller faire un tour… Faites donc en sorte de faciliter vos retrouvailles le cas échéant.

«Ici, je ne risque pas de me perdre de nouveau.»

Q: Est-ce qu'un chien qui agite la queue est toujours un chien gentil?

R: Pour être bien sûr de l'état d'esprit du chien, il vaut mieux regarder l'animal dans son ensemble. Un chien dressé sur ses pattes arrière, le regard fixe et les poils hérissés peut très bien agiter la queue, mais ce n'est pas une bête amicale pour autant. Évitez aussi de vous approcher d'un chien qui semble nerveux (donc capable de mordre quelque chose ou quelqu'un d'un coup de gueule vif) et apeuré.

Un chien calme, souriant et agitant la queue dans une position plus basse sera plus susceptible de se montrer amical.

Q: Pourquoi certains chiens jappent-ils tant?

R: Pourquoi certaines personnes ressemblent-elles à des pies, et sont incapables de se taire? Les chiens aboient pour exprimer plusieurs sentiments: l'excitation, l'anxiété, l'ennui, la territorialité, l'agressivité, l'espièglerie et la faim, pour n'en nommer que quelques-uns. En plus, les séances d'aboiements peuvent être induites par certains éléments de l'environnement. Par exemple, un chien qui lance un avertissement lorsque des étrangers s'approchent aboiera constamment et de façon frénétique si une clôture sépare son territoire d'un passage piétonnier bien fréquenté. De même, un chien intelligent et énergique que son maître néglige s'ennuiera dans sa cour; aussi sera-t-il enclin à évacuer son excès d'énergie en se laissant aller à des séances d'aboiements, la nuit comme le jour.

Des caractéristiques raciales entrent par ailleurs en ligne de compte. Il est en effet irréaliste de s'attendre à ce qu'un chien de race arctique ne s'engage pas occasionnellement dans une séance de hurlements, tout comme on ne peut pas empêcher un chien de chasse d'aboyer lorsqu'il suit la trace d'un écureuil ou d'un lapin. C'est une question de jeu, en somme. Même s'ils ont quitté la ferme et les terrains de chasse depuis des générations, les chiens continuent donc de japper avec joie en s'amusant avec des enfants.

En un sens, nous ne pouvons que nous accuser nous-mêmes dans cette histoire. Encore qu'il faudrait faire quelques remontrances à nos ancêtres. Les loups adultes ne hurlent pas à ce point. Ce sont les loups adolescents qui s'adonnent à ce jeu. Or, dans les élevages de chiens domestiques, nous attachons de la valeur à ce comportement. Lorsqu'ils aboient, les chiens protègent en effet nos propriétés contre les malfaiteurs et les cambrioleurs, qui n'osent pas entrer de peur de se faire mordre. Nous avons donc conservé les individus qui aimaient japper et leur avons même permis de se reproduire.

Malheureusement, dans les villes modernes, nous vivons si près les uns des autres qu'il y a plus d'occasions pour un chien de japper. Pour les voisins, la chose n'est pas particulièrement appréciée.

Q: Peut-on dresser un chien à ne pas aboyer?

R: Pour montrer à votre chien à ne pas japper, vous devez d'abord le dresser à japper sur commande.

Une large part du problème vient du fait que les chiens qui jappent sont de jeunes animaux en santé et actifs, mais qui sont confinés à vivre en solitaire dans une cour où il n'y a rien à faire. Un chien qui s'ennuie cherchera donc à occuper ses temps morts, et un concert d'aboiements est une façon simple de le faire. Un collier qui lancerait une décharge électrique à chaque jappement serait-il approprié? En fait, si votre chien ne peut plus japper, il se mettra à ronger des objets. Ce n'est donc pas une très bonne stratégie.

Si vous possédez un chien qui jappe beaucoup, le dressage et des exercices réduiront significativement ses élans. Ce sera encore plus évident si vous éliminez tout ce qui déclenche les aboiements. Par exemple, si votre chien peut se rendre jusqu'à une clôture d'où il voit le chien du voisin, vous l'empêcherez de japper en lui bloquant cette partie de la cour. Si vous n'êtes pas à la maison, profitez-en pour garder votre chien à l'intérieur et mettez-lui de la musique (ce bruit étouffera les aboiements d'autres chiens venant de l'extérieur).

Malgré tout cela, certains chiens aiment entendre le son de leur propre voix. Donc, interdisez-leur l'accès aux fenêtres afin qu'ils ne captent pas de signaux visuels qui les inciteraient à aboyer. Si le concert se produit seulement quand le chien est seul, consultez votre vétérinaire ou un comportementaliste pour déterminer si le fait d'aboyer constamment n'est pas un symptôme d'anxiété ou d'hyperterritorialité. Il y a tant de raisons d'aboyer, pour un chien, qu'il ne faut pas se limiter à une seule possibilité.

Dans tous les cas, si votre chien aboie, ne criez jamais après lui. Les chiens apprennent par imitation. Si vous hurlez, il pensera que vous l'accompagnez dans son petit jeu.

Plusieurs dresseurs de chien recommandent le port d'un collier anti-aboiement qui émet un petit jet de citronnelle ou de l'air chaque fois que le chien jappe. Le chien déteste ce genre de choses et comprendra qu'il vaut mieux pour lui de cesser d'aboyer. Toutefois, cela ne fonctionne que si vous stimulez suffisamment votre animal et que si vous lui permettez de faire tout l'exercice dont il a besoin.

Une récente étude de l'American Kennel Club révèle
que les gens qui possèdent un chien sont exaspérés
par les mêmes détails qui choquent ceux qui n'en ont
pas. Ainsi, ne pas ramasser les petits cadeaux
des chiens et les laisser japper sont les deux choses
qui énervent le plus les deux groupes.
Si vous vous reconnaissez, vous avez donc
de meilleures habitudes à prendre.
Ramasser les crottes de votre chien est une façon
simple de faire taire bien des critiques;
faire en sorte qu'un chien jappe moins peut être plus
difficile. Toutefois, pour y arriver, vous n'avez
qu'à emmener votre chien
chez un comportementaliste ou dans
une école de dressage.

Q: Peut-on dresser un chien pour qu'il fasse ses besoins sur commande?

R: Oui et non. Les chiens peuvent certainement comprendre un mot clé qui leur indique que c'est le bon moment de se laisser aller. Commencez par savoir quand votre chien a envie de faire ses besoins. Dès que vous détectez les signaux, emmenez-le à l'extérieur, dites «caca» et récompensez-le pour avoir correctement répondu. Votre chien s'habituera rapidement à cette routine.

Si le chien ne comprend pas le message et fait des dégâts à l'intérieur, vous pourriez devoir reprendre le dressage depuis le début, comme si c'était un chiot. Cela signifie qu'il faut confiner l'animal dans une niche portative lorsqu'il n'est pas sous une totale supervision. (Les chiens sont tellement réticents à salir leur aire de repos qu'ils trouveront le moyen de se retenir.) À intervalles réguliers, emmenez ensuite votre chien directement dans l'endroit réservé à ses besoins et répétez le mot choisi pour lui dire qu'il peut se soulager. (Soyez toutefois sûr que le mot en question ne vous embarrassera pas si vous devez l'utiliser en public…) Si le chien ne fait pas ses besoins, remettez-le dans sa niche portative et faites une nouvelle tentative 20 minutes plus tard. Récompensez-le dès qu'il aura réussi en lui donnant une gâterie ou en lui faisant faire une promenade.

Gardez cette routine jusqu'à ce que l'animal ait fait ses besoins – dans l'espace réservé à cet effet, bien sûr – au moins cinq fois de suite après que vous lui ayez dit le mot magique. Notez que si ce processus est facile avec les chiots, il peut prendre un peu plus de temps avec des chiens plus âgés.

Ceci dit, vous ne pouvez contrôler complètement le moment et l'endroit où votre chien fera ses besoins, pas plus que vous ne pouvez prévoir parfaitement le moment où vous voudrez vous-même aller au petit coin. Il y aura toujours des jours où l'animal aura certains problèmes avec ce qu'il a ingurgité, sans compter que des maladies et des changements d'habitudes (beaucoup d'exercice suivis d'un grand bol d'eau, par exemple) interviennent dans la régularité et la rendront moins facile à prévoir.

Q: Combien de temps un chien peut-il se retenir avant de faire pipi?

R: Avec un chiot, on compte le nombre de mois vécus pour savoir combien d'heures l'animal peut se retenir. En d'autres termes, un chiot de deux mois devrait être capable de tenir le coup pendant deux heures, tandis qu'un chien de quatre mois devrait se sentir à l'aise pendant quatre heures.

Pour les chiens adultes, même si certains sont capables de se retenir aussi longtemps que leur maître n'est pas rentré du travail, il est de préférable de leur permettre se soulager toutes les six heures environ. Certaines races, comme le caniche nain, ne tiennent toutefois pas aussi longtemps. Et en vieillissant, tous les chiens perdent un peu de contrôle sur leur vessie et leurs intestins.

Si vous avez un petit chien gardé à l'intérieur, une boîte à litière peut être la solution. On peut aussi aménager une porte pour laisser passer de plus grands chiens – tant que la maison est protégée par une clôture sécuritaire, bien sûr. L'aide d'une personne (un voisin ou un gardien) qui viendrait promener l'animal serait aussi très appréciée. Mais si votre chien est incapable d'attendre, vous n'aurez plus qu'à ramasser…

Un Lhasa Apso détient le record (documenté)
du chien qui est arrivé à se retenir le plus longtemps,
soit pendant 36 heures. Le vétérinaire a rapporté
avoir emmené le chien faire pipi avant la fermeture
de son établissement, le samedi,
et la cage était toujours sèche le lundi matin.
C'est à l'arrivée du personnel que le chien
s'est soulagé d'une impressionnante quantité d'urine.
Sachez toutefois que ce genre de comportement
n'est ni normal ni bon pour la santé du chien.

Q: Comment les chiens-guides peuvent-ils savoir que le feu de circulation passe au vert?

R: Ils ne le savent pas. Vous avez peut-être lu que les chiens ne distinguent pas les couleurs? En fait, les chiens-guides ne décident pas si le moment est venu de mettre la patte dans la rue. Ça, c'est le travail de leur propriétaire (NDT: à plusieurs endroits, un avertissement sonore lui indique qu'il peut s'avancer). Le travail du chien consiste plutôt à s'assurer que la manœuvre est sécuritaire une fois que son maître lui a donné l'ordre d'avancer, une fois que le chien a estimé les dangers potentiels de la situation. Si des voitures passent devant lui, l'animal n'avancera donc pas.

Les chiens-guides pour personnes non voyantes sont une rareté, car une bonne partie de leur dressage consiste à apprendre quand il est important pour eux de désobéir aux ordres. On appelle cela la «désobéissance sélective» ou la «désobéissance intelligente». Elle est souvent considérée comme le plus haut niveau de dressage qu'un chien peut atteindre.

Pensez-y: la plupart des chiens sont dressés pour réaliser un travail de façon fiable, sur commande, chaque fois que c'est nécessaire. Ils sont censés détecter la présence de drogue ou d'explosifs dans des valises, mordre des voleurs, retrouver des personnes disparues, rassembler des moutons et récupérer un oiseau abattu. Lorsqu'une personne aveugle donne un ordre à un chien, souvent, elle ne sait pas réellement ce qu'elle lui demande puisqu'elle ne peut voir les dangers qui se présentent à elle. Le chien doit donc savoir quand lui désobéir, tandis que son propriétaire doit accepter ses décisions.

Voilà un partenariat basé sur le respect et la confiance, car ni le chien ni l'humain n'est en parfait contrôle de façon permanente. Leurs vies dépendent l'un de l'autre. Aucun d'entre eux ne peut traverser la rue en toute sécurité sans l'aide de l'autre.

Q: Est-ce que le travail de secouriste rend les chiens tristes?

R: Les gens se trompent lorsqu'ils voient un chien secouriste fatigué. Ils interprètent à tort ce comportement comme étant de la dépression ou du chagrin. Or, la dépression suggère que l'animal a conscience de ce qui l'entoure au point qu'il en devienne triste. Cela implique aussi une compréhension de la mort que les chiens n'ont pas.

Si la mort déprimait les chiens, le simple fait d'apercevoir un chien mort sur le bas-côté de la route devrait aussi provoquer chez eux de la tristesse. Or, il n'en est rien. Pour être franc, la mort, aux yeux d'un chien ou de n'importe quel autre prédateur, se traduit bien plus souvent par le mot «nourriture». Pourquoi cela devrait-il nous surprendre?

La fonction de secouriste est physiquement et mentalement exigeante pour un chien. En plus de l'épuisement qui gagne l'animal, il est possible que certains réagissent aussi à l'émotivité de leur maître. En effet, les humains peuvent être affectés par ce qu'ils voient pendant une opération de sauvetage, et les chiens lisent en nous comme dans un livre ouvert. Ils peuvent donc remarquer cette tristesse.

Q: Les border collies sont-ils vraiment les chiens les plus intelligents?

R: Vous voulez vous battre? Dites au propriétaire d'un lévrier afghan que son chien est bête comme ses pieds. C'est ainsi que Stanley Coren conclut son best-seller *The Intelligence of Dogs*, qui établit un classement des différentes races de chiens selon leurs habiletés dans diverses activités sportives.

Au sommet, on retrouve le border collie, un chien qui apprend si rapidement et cherche tant à performer que le plus brillant spécimen de cette race pourrait probablement remplir votre déclaration de revenus s'il pouvait écrire.

En queue de liste se trouve un grand et soyeux poète: le lévrier afghan. S'agit-il réellement de l'équivalent canin de la blonde idiote? Ça dépend de votre façon de voir les choses.

Comme plusieurs chiens de meute sportifs qui se trouvent au sommet de la liste, le border collie a évolué de façon à travailler de concert avec les humains. Il est toujours en relation avec son maître et obéit instantanément à ses ordres. Le résultat, c'est donc un chien qui apprend vite, en partie parce qu'il prend ses informations des humains qui l'entourent.

Par contre, des races se sont développées pour accomplir d'autres tâches, certaines d'entre elles requérant une attitude plus indépendante. Comme tous les lévriers, le lévrier afghan a été encouragé à attraper des proies dans les champs à découvert. Les habiletés de ce chien en ce domaine sont indéniables. Toutefois, cela exige que l'animal coure bien loin devant son partenaire humain et qu'il prenne ses propres décisions. Il accomplit d'ailleurs très bien sa tâche. Si le lévrier afghan a l'air de dire «euh…» chaque fois que vous essayez de lui enseigner une routine quelque peu compliquée, ce n'est pas sa faute! Il n'a pas été dressé pour ça.

Nous sommes d'accord pour dire qu'aucune race ne bat le border collie quand vient le temps de résoudre des problèmes, d'apprendre de nouveaux comportements et de faire preuve de constance. Mais soyez prudent avant de bouder le lévrier afghan. Celui-ci fait son travail à merveille, et il est très élégant en prime. Voilà une qualité que nous aimerions tous avoir!

La cloche et l'idiot

Sirloin, notre labrador retriever noir, est le chien le plus fou que j'aie jamais rencontré.

Du moins, c'est ce que je crois.

À part la nourriture et l'eau, Sirloin a peu de besoins de base. Bien sûr, on ne parle pas de son besoin de se faire lancer d'innombrables fois des jouets à rapporter, de se faire flatter le ventre comme s'il s'agissait de la lampe du génie d'Aladdin et de se faire couvrir de mots doux. Ces compliments sont livrés sous la forme de phrases décousues et sirupeuses. «Gomer – c'est l'un de ses surnoms – t'es le meilleur garçon du monde... Ton papa et ta maman t'aiment... Voui, voui, voui... Ils t'aiment beaucoup.»

Bien que son papa fut, apparemment, un champion du National Field Trial (une compétition de chasse aux oiseaux), Sirloin ne pourrait participer à aucune autre course que celle visant à déterrer des souris. Il n'a jamais eu de talent non plus pour le pistage, pour le secourisme, pour garder les troupeaux ou pour détecter de la drogue. Il est bien trop bête.

Mais l'est-il vraiment?

Laissez-moi réfléchir à nouveau à la question. Il a décroché un boulot peinard, mais n'a jamais manqué une journée ou une nuit de travail comme gardien officiel de la porte d'entrée du Almost Heaven Ranch. Il salue fidèlement chaque visiteur qui se présente à l'entrée et l'escorte fièrement vers la sortie à son départ. Même s'il dort environ 20 heures chaque jour – donc il dort pendant qu'il est en fonction –, il obtient plus de récompenses que tous les autres employés du ranch en fournissant moins d'efforts.

Une journée typique dans la vie de Sirloin consiste en repas, siestes, jeux avec ses compagnons canins Scooter et Lucky, chasses au tamia rayé qu'il n'attrape jamais et séances de léchage de parties de son corps difficiles à atteindre.

Sans jamais faillir à la tâche, il peut contraindre quiconque à lui donner des gâteries en jouant de ses prunelles rêveuses remplies d'amour, en grattant la personne avec sa patte ou en laissant tomber sa tête sur ses genoux. Oubliez les cours d'obéissance, car Sirloin a découvert la loi universelle du royaume des chiens: pour toute action (qu'on le prie de faire), il y a une réaction équivalente mais opposée (il exige une gâterie).

En y repensant bien, Sirloin n'a rien d'un imbécile. Derrière son masque se cache le meilleur des deux mondes: un cœur tendre et généreux doublé d'un esprit ingénieux.

- Dr Marty Becker

Q: Jusqu'à quel point le chien le plus rapide est-il rapide?

R: La vitesse des chiens prête à la controverse, car les conditions et les distances du terrain à parcourir, de même que les méthodes de chronométrage, varient d'une fois à l'autre. Certains chiens sont chronométrés par une personne qui tient un chrono à la main, tandis que d'autres sont évalués à l'aide d'appareils digitaux à partir d'un box de départ. Parfois, on utilise même l'odomètre d'une voiture – une méthode bien connue pour être très imprécise.

En général, on estime que le lévrier Greyhound est le chien le plus rapide. Et les lévriers les plus rapides atteignent une vitesse de près de 68 km/h, ce qui est presque aussi rapide que des chevaux de course pur sang. Il est cependant de notoriété publique que ces marchands de vitesse peuvent avoir l'air paresseux lorsqu'ils ne courent pas.

Q: Les chiens ont-ils vraiment besoin d'une cour pour être heureux?

R: Certains chiens de banlieue qui possèdent tout l'espace dont ils ont besoin ne sont pas aussi chanceux que des chiens habitant en ville et qui n'ont aucune cour. C'est que bien des propriétaires croient que leur chien est parfaitement heureux de passer sa vie à l'extérieur, seul. Ils oublient cependant que le chien est un animal social, comme nous, et que passer trop de temps en solitaire peut briser des cœurs.

En plus, cela les transforme souvent en animaux indisciplinés et asociaux. Un chien qui passe des heures chaque jour dans sa cour peut être si heureux de voir quelqu'un – n'importe qui – qu'il bondira partout. Avec toute cette énergie accumulée, l'animal deviendra très difficile à dresser et à contrôler.

Les chiens des villes font face à leurs propres défis, bien sûr, mais passer du temps de qualité en compagnie de leur maître n'en fait habituellement pas partie. La raison est simple: ces chiens font habituellement plusieurs promenades par jour (à moins qu'ils ne soient assez petits pour soulager leurs petits besoins sur du papier journal ou dans une litière pour chien). Et pendant ces promenades, il y a plein de merveilleuses odeurs, en plus de gens et d'autres chiens à saluer. Bien sûr, plusieurs apprécient le fait de gambader sans laisse, mais des enclos sécuritaires sont aménagés dans la plupart des villes afin de permettre aux chiens de se délier les pattes.

Pleins de ressources, les chiens ont des capacités d'adaptation remarquables. Tant qu'ils ont de la compagnie, de la nourriture et de l'attention et qu'ils bénéficient d'exercice et de dressage (et d'une bonne relation avec leur vétérinaire, bien entendu), ils peuvent être heureux dans presque tous les environnements où les humains se trouvent. Qu'il y ait une cour ou non.

Q: Les haltes-garderies pour chien sont-elles une bonne idée?

R: Au cours des dernières années, il y a eu une véritable explosion du nombre de haltes-garderies où l'on peut laisser son chien pendant qu'on s'échine au travail. Savoir si ces entreprises sont bonnes ou non pour votre chien dépend bien sûr de votre chien.

Le type de chien qui devrait profiter le plus de l'expérience est celui dont le maître est fort occupé et qui aime faire un tour dans un enclos, ou au parc, pour aller jouer avec d'autres chiens amicaux. Par contre, les chiens qui ne sont pas faits pour ce genre d'endroit sont ceux qui sont timides ou agressifs, ceux qui sont plus âgés et moins actifs ou qui ont d'autres problèmes d'ordre physique ou émotif pouvant rendre ce moment stressant, pour eux comme pour les autres clients de la halte-garderie.

Par ailleurs, les chiens qui aiment la halte-garderie l'aiment vraiment. Souvent, ils vont y voir leurs amis avec un tel enthousiasme que leur maître peut se demander: «Et moi, je suis quoi? Un morceau de foie?»

Q: Est-ce bien de laisser mon chien boire l'eau salée de la mer?

R: Honnêtement, il vous sera difficile d'empêcher votre chien d'avaler une certaine quantité d'eau salée à la plage. Par contre, vous ne devriez pas l'encourager à le faire, ni croire que l'eau salée étanchera sa soif.

Chaque fois que vous emmenez un chien à la plage, assurez-vous d'apporter assez d'eau fraîche. Et après la journée, rincez l'animal à grande eau afin de retirer le sel et le sable accumulés dans son pelage.

Boire de l'eau dans une mare, un étang ou un lac n'est pas une très bonne idée non plus. Les eaux stagnantes sont en effet des bouillons d'organismes qui n'attendent qu'une occasion pour coloniser toute créature assez folle pour y plonger la langue. Si l'eau n'est pas assez claire ou fraîche pour vous, elle ne l'est pas non plus pour votre chien. Et s'il en boit, même s'il se peut que vous n'ayez pas à vous rendre à l'urgence d'un hôpital vétérinaire, il est possible que vous ayez à soutenir votre compagnon poilu pendant qu'il vomit ou souffre de diarrhée.

Q: À quelle distance et à quelle hauteur un chien peut-il sauter?

R: Il y a quelques années, d'étranges compétitions canines sont devenues populaires. L'idée consistait à faire courir l'animal sur une surface surélevée, au-dessus d'un bassin d'eau, à lancer un objet et à regarder l'animal sauter dans les airs. L'eau amortit la chute, et c'est probablement à cause de cela que les races de chiens utilisées dans ces concours ont toutes été développées pour être habiles dans l'eau.

Un chien rapide et élancé comme le lévrier Greyhound devrait être capable d'accélérer suffisamment pour s'élever à une hauteur qui ferait pâlir d'envie le détenteur du record, un labrador retriever. Par contre, vous ne trouverez pas beaucoup de lévriers qui aiment plonger dans une piscine.

L'organisation phare de ce genre de sport est un groupe qui se fait appeler les Dock Dogs. Il calcule à la fois la hauteur du saut et sa longueur. Les records seront certainement battus rapidement, car il s'agit d'une activité assez nouvelle. Toutefois, au moment d'écrire ces lignes, la hauteur record est de près de 2,1 m (7 pi), tandis que la plus grande longueur parcourue avec un saut est d'un peu plus de 8,5 m (28 pi).

Q: Pourquoi les retrievers rapportent-ils les oiseaux au chasseur? Pourquoi ne les mangent-ils pas?

R: La réponse se trouve dans la reproduction sélective. Les humains ont passé des siècles à développer des chiens qui les aideraient à chasser sans manger les proies. Les chiens ont donc gardé leur instinct de rapporter la proie, mais ils ont perdu tout intérêt à se nourrir de ce gibier.

Le parfait chien d'arrêt est un animal qui est intéressé à trouver et à rapporter des oiseaux, qui est prêt à travailler dur dans toutes les conditions et qui a des mâchoires souples, c'est-à-dire qu'il rapportera la bête sans la briser.

Autrefois, lorsque les gens chassaient plus pour se nourrir que pour s'amuser, si un chien mangeait ou endommageait une proie, celle-ci ne pouvait plus servir à nourrir la maisonnée. On s'arrangeait donc pour que ce chien ne se reproduise pas, car on ne voulait perpétuer ce trait de caractère. Un chien trop timide pour essayer de trouver des proies n'avait pas plus d'utilité.

Par conséquent, en matière de reproduction de chiens d'arrêt, on choisissait plutôt – et on choisit toujours – des chiens désireux de retrouver un oiseau abattu et de le rapporter à leur maître sans qu'une seule plume ne soit froissée.

Q: Comment un chien de traîneau peut-il survivre en dormant dans la neige?

R: Si vous aviez un manteau comme celui des chiens de traîneau, vous seriez capable de dormir dans la neige vous aussi. Le pelage de ces chiens leur procure en effet une bonne isolation, en particulier si vous l'ajoutez au facteur d'isolation de la neige elle-même. Pensez aux igloos, par exemple.

Les participants à des courses de traîneaux tirés par des chiens disent que le pelage de leurs animaux est si épais et procure une telle isolation que la neige sur le poil n'entre jamais en contact avec la peau du chien. Ils disent aussi que certains de leurs chiens préfèrent demeurer dehors par temps très froid, même s'ils ont la possibilité de se réchauffer à la chaleur d'un refuge.

Q: Qui décide si un labrador croisé avec un caniche peut participer à une exposition canine?

R: Ça dépend des organisateurs. Il y a bien des événements auxquels tous les chiens peuvent participer. Par contre, dans les expositions comme celle du Westminster Kennel Club, c'est l'American Kennel Club (AKC) qui décide. Et détrompez-vous si vous croyez y voir des chiens croisés.

Comme tous les événements sanctionnés par l'AKC, le Westminster est réservé aux pures races et il le restera, peu importe la tendance populaire actuelle aux chiens croisés dotés de noms mignons.

Les gens qui aiment les puggles (un pug croisé avec un beagle) et les labradors-caniches peuvent bien dire qu'il s'agit de chiens de race, mais l'AKC voit les choses différemment. Pour être un pure race, un chien doit se reproduire avec un autre animal de la même race que lui. Ainsi, un pug doit s'accoupler avec un autre pug pour produire des chiots pugs. C'est simple, non?

Par définition, les chiens croisés ont des parents de deux races différentes. Aux yeux de l'AKC, ces «chiens design» n'ont leur place dans aucune de ses compétitions, pas seulement les expositions canines mais aussi les tests d'obéissance et d'agilité, les tests de chasse et tout le reste.

Bien des races ont cependant commencé par une certaine forme de croisement, parce que les gens voulaient combiner certaines caractéristiques d'une race aux qualités d'une autre de façon à obtenir exactement l'animal désiré. Avec le temps, ces caractéristiques se sont stabilisées. Or, lorsque des chiens issus d'un croisement s'accouplent avec des chiens du même croisement, il en résulte des chiots qui ressemblent comme deux gouttes d'eau à leurs parents. C'est ainsi que des chiens acquièrent le statut de pure race.

Aussi longtemps qu'un labrador-caniche restera un labrador retriever croisé avec un caniche, il aura des petits aux traits caractéristiques difficilement contrôlables. Par exemple, certains des chiots auront un pelage de caniche, tandis que d'autres auront celui du labrador. C'est un coup de dé génétique qui détermine alors l'apparence de l'animal. Ces chiens d'apparences variées ne seront donc pas considérés comme une race, et encore moins aux yeux de l'AKC.

Y a-t-il un espoir de voir un jour un labrador-caniche remporter une compétition au Westminster Kennel Club? Si ces chiens arrivent au fil du temps à se reproduire de façon «pure» – c'est-à-dire que, au lieu de voir un labrador s'accoupler avec un caniche, on verra un labrador-caniche s'accoupler avec un autre labrador-caniche –, l'AKC ne pourra plus les refuser. Toutefois, pour obtenir cette reconnaissance, une race doit bénéficier d'un suivi géographique à grande échelle et d'une association nationale de «parents», elle doit compter un certain nombre de chiens et avoir des standards établis (une description des caractéristiques idéales de la race). Il faut aussi la doter d'un bon registre afin qu'on puisse suivre la reproduction de l'animal sur plusieurs générations.

«Ne mettez pas ma pureté en doute. Je suis racé jusqu'au bout de la queue.»

Q: Est-ce vrai que le poil de certains chiens pousse sous forme de «tresses»?

R: On pense automatiquement au komondor et au puli quand on parle de tresses (ou de cordes). Le poil de ces chiens a une tendance naturelle à s'agglutiner et à se tordre à mesure que l'animal vieillit. Pour leurs propriétaires, ces tresses sont de véritables trésors. S'il en manque plus d'une ou deux, c'est la fin de la carrière du chien dans les expositions canines. Par contre, il n'est pas inhabituel, au cours de ces expositions, de voir ce genre de chiens porter des tresses qui balaient le plancher.

Entretenir des tresses est l'une des tâches les plus difficiles dans l'univers des expositions canines. En effet, il faut des jours de préparation pour savonner, rincer et essorer gentiment quelques tresses seulement à la fois. C'est comme si vous laviez à la main un chandail géant en mohair qui vous aurait coûté les yeux de la tête. Si l'animal est particulièrement sale, il faudra le nettoyer patiemment, à répétition, jusqu'à ce que toutes ses tresses soient de la même couleur. Pour rendre la chose encore plus difficile, les pulis ont divers tons, y compris le blanc, tandis que les komondors devraient être blancs, ou du moins blanc cassé.

Parce que les poils mouillés sont des cibles de choix pour le mildiou (un chien qui a des tresses pouvant rester mouillé pendant des jours), ces chiens, une fois lavés, sont placés dans des cages d'assèchement, où des ventilateurs soufflent sur eux dans toutes les directions.

Enfin, notez que les poils du caniche poussent également de cette façon quand on les laisse allonger. Toutefois, on ne risque pas de voir ça dans une compétition canine.

Lorsqu'un chien doté de tresses prend sa retraite des expositions canines, il a habituellement droit à un rasage intégral. Il y a quelques années, un komondor en fin de carrière fut rasé: on lui coupa près de 2 700 tresses et un total de 6,8 kg (15 lb) de poils.

Q: Avec leur coiffure incroyable, est-ce que les caniches d'exposition sont gênés de parader en public?

R: Ce sont des raisons pratiques qui ont engendré cette apparence. À l'origine, ces amas de poils autour des articulations et des organes vitaux étaient laissés là pour protéger le chien, qui servait à récupérer des proies dans les eaux froides. Le reste des poils était rasé pour rendre la nage plus facile. Même le pompon au bout de la queue avait une utilité. Il semble en effet que cette boule de poils rendait le repérage du chien plus facile dans les herbes hautes.

Dans les expositions, aujourd'hui, le look du caniche est certes exagéré. Par contre, ces chiens ne se laissent pas troubler par ce genre de choses, peut-être parce qu'ils sont sportifs, intelligents et assez confiants pour ne pas s'en faire avec ce que les autres pensent d'eux.

Ne riez plus des caniches

Ce dandy efféminé a longtemps fait rire les gens, probablement depuis que quelqu'un a décidé de laisser une sorte de béret de poils sur sa tête. Malgré toutes les coiffures qu'on lui a fait prendre, le caniche a gardé son sang froid.

Et on en a fait, des choses! Le pelage frisé du caniche a été coiffé de toutes les manières imaginables, teint en une multitude de couleurs et (moins souvent) laissé sans soins de telle sorte qu'il en a résulté des tresses assez longues pour que l'animal ressemble à un chanteur rasta.

Comme si toutes ces humiliations n'étaient pas suffisantes, les propriétaires de caniches ont tendance, plus que la moyenne, à vêtir leur animal avec toutes sortes de tenues, des blousons en faux léopard aux colliers de perles, en passant par les manteaux de cuir assortis à la laisse.

Mais l'apparence n'est pas tout chez un chien, et c'est sûrement vrai pour le caniche.

Récemment, une personne m'a écrit afin que je lui recommande une race de chien pour sa famille. Elle voulait un chien relativement propre, qui perd peu ses poils, intelligent, enjoué et facile à dresser. Puis, elle ajoutait ceci: «Mon mari acceptera n'importe quel chien sauf un caniche.» Ce n'était pas juste. Le caniche répondait parfaitement aux critères de cette famille. Ainsi, plutôt que de lui faire rayer ce chien de la liste, j'ai suggéré à cette personne de réfléchir à ce qu'est vraiment un caniche. Quiconque se prête à cet exercice découvre des choses étonnantes.

«Mon maître est éditeur… et moi aussi.»

Le caniche est un chien intelligent, l'un des plus intelligents, peu importe la méthode utilisée pour arriver à cette conclusion. Il apprend vite et aime montrer ce qu'il sait faire. Il donne l'impression que son dresseur est un expert même s'il s'agit d'un novice. Et si c'est vraiment le cas, il a l'air encore plus brillant. Quant au pauvre propriétaire qui ne se rend pas compte de cette intelligence, il en sera quitte pour une belle surprise.

Le caniche est un chien amical. Il est confiant, joyeux et croit que tout le monde devrait partager sa compagnie. C'est vraiment un compagnon fidèle, mais aussi un travailleur acharné. Les caniches excellent naturellement dans les concours d'obéissance et d'agilité, et certains se montrent même le bout du nez dans des clubs de chasse. Pourrait-on voir des caniches tirer des traîneaux? C'est déjà arrivé. Tout simplement, ils aiment avoir un travail à accomplir.

Mieux encore, le caniche est un chien doté d'un bon sens de l'humour, ce qui est important pour une race qui a subi autant d'épreuves! Les caniches riront de vous, mais ils aiment encore plus rire avec vous. Ils semblent même avoir un certain talent pour l'autodérision.

Il y a quelques années, à l'exposition canine du Westminster Kennel Club, je me suis retrouvée à côté d'un grand caniche qui attendait d'entrer dans l'arène. La pauvre bête était coiffée d'une façon qu'aucune créature vivante ne devrait avoir à endurer. Son orgueil de mâle devait souffrir à chaque bouffée d'air frais. À ce moment, nous avons eu un contact visuel. Le caniche me sourit, agita sa tête bien coiffée et me fit un clin d'œil.

J'étais bouche bée (avais-je vraiment vu ce que j'avais vu?). Le chien s'est alors retourné et est entré dans l'arène en compagnie de son maître, exécutant fièrement chacun de ses hauts sauts. Comment peut-on ne pas aimer un tel animal?

- Gina Spadafori

Q: Certaines races sont-elles réellement hypoallergéniques?

R: Tous les chiens peuvent déclencher des allergies chez les personnes sensibles, peu importe leur race, leur croisement et la longueur de leurs poils.

Les races préférées des personnes souffrant d'allergies sont celles qui présentent un pelage semblable à celui du caniche. La liste inclut les caniches, bien sûr, mais aussi les maltais, les bichons à poil frisé et certains croisements, dont le labrador-caniche.

Certaines personnes pensent également que les chiens qui n'ont pas de poils, comme le chien chinois à crête, constituent le meilleur choix pour les personnes allergiques. L'ennui, avec cette théorie, c'est que ce ne sont pas les poils qui causent les allergies. C'est plutôt une substance qu'on trouve dans les glandes sébacées du chien qui est la responsable. Cette substance colle à la peau et aux poils des chiens et se dépose partout où l'animal se promène. Il n'y a donc pas de solution pour les gens aux prises avec des allergies. Il peuvent se procurer un chien qui n'a pas de poils, mais il n'en existe aucun qui n'a pas de peau. Si vous voulez vraiment un animal de compagnie hypoallergénique, optez plutôt pour un reptile ou un poisson (même les oiseaux, à cause de leurs plumes, vous causeront des problèmes).

Ceci dit, certaines races semblent être mieux tolérées, même si les réactions allergiques varient d'une personne à l'autre et d'un chien à l'autre. L'American Kennel Club suggère le terrier Bedlington, le bichon à poil frisé, le chien chinois à crête, l'épagneul Irish Water, le terrier Kerry Blue, le maltais, les trois types de caniches, le Water Dog portugais, les trois types de schnauzer, le terrier Soft-Coated Wheaten et le xoloitzcuintli. (Nous n'aurions pu omettre ce dernier, un chien sans poil originaire du Mexique.)

En général, les petits chiens semblent causer moins de problèmes que les grands, mais c'est seulement parce qu'ils répandent une moins grande quantité d'allergènes. Donner un bain peut aider, tout comme interdire à votre chien l'accès à votre chambre à coucher.

Q: Y a-t-il une race de chien «faite» aux États-Unis?

R: Selon l'American Kennel Club, les races de chiens développées aux États-Unis sont le malamute d'Alaska, le chien eskimo américain, le foxhound américain, l'épagneul American Water, le terrier Staffordshire américain, le berger australien, le coonhound noir et feu, le terrier de Boston, le Chesapeake Bay retriever, le Plott Hound et le fox terrier nain. (Vous avez bien noté que le berger australien est une race américaine!)

D'autres races sont originaires des États-Unis, mais l'American Kennel Club ne les reconnaît pas. Il s'agit de l'épagneul Boykin, de divers types de coonhound et du catahoula léopard.

Q: Dernière question: êtes-vous fatigués de donner des conseils à tous les propriétaires d'animaux de compagnie tous les jours de votre vie?

R: Bien sûr que non! C'est ça, ou bien se trouver un véritable emploi! Combien de métier dans le monde permettent de rendre chaque jour la vie meilleure à une ou plusieurs personnes simplement en partageant avec elles votre amour des animaux, vos connaissances et votre expérience? Il n'y en a pas beaucoup, n'est-ce pas? En vérité, nous nous considérons comme très chanceux, voire bénis!

Et ça, comme on dit, c'est notre dernier mot.

Remerciements

Ce livre, ainsi que son petit cousin consacré aux chats, n'aurait pas été possible sans le concours de vétérinaires, de dresseurs, d'éleveurs et d'autres spécialistes qui ont généreusement partagé avec nous leur expertise. C'est excitant et inspirant d'avoir accès au savoir d'un groupe de professionnels aussi extraordinaires – des gens brillants et attentionnés qui ont consacré leur carrière à améliorer la vie des animaux et de ceux qui partagent leur existence.

Nous devons tant au collègue de Marty, le Dr Rolan Tripp (Animalbehavior.net), et à son épouse, Susan, pour leur esprit vif et leur expertise. Ils ont insufflé tant de créativité dans ce projet et nous ont apporté leur soutien afin de rendre cet ouvrage encore meilleur.

Nous voulons aussi exprimer notre gratitude envers tous les vétérinaires qui nous ont aidés. En particulier, nous voulons remercier le Dr Bonnie Beaver, le Dr Mark Bekoff, professeur d'écologie et de biologie évolutionnaire à l'Université du Colorado; le Dr Jan Bellows, de Pembrooke Pines, en Floride; le Dr Pierre S. Bichsel, du Michigan Veterinary Specialists, près de

Detroit, au Michigan; le Dr Tony Buffington, professeur en sciences vétérinaires cliniques à l'Université de l'État d'Ohio; le Dr Gilbert Burns, professeur associé d'anatomie au Collège de médecine vétérinaire de l'Université de l'État de Washington; le Dr Samuel Vainisi, du Eye Care for Animals; le Dr Nicholas Dodman, chef du Département de comportement animal à l'École de médecine vétérinaire Cummings, à l'Université Tufts; le Dr Andrea Fascetti, nutritionniste vétérinaire à l'École de médecine vétérinaire UC Davis; le Dr Duncan Ferguson, professeur de médecine vétérinaire à l'Université de Géorgie; le Dr Peter J. Ihrke, professeur de dermatologie à Davis, l'École de médecine vétérinaire de l'Université de Californie; le Dr Kit Kampschmidt, du Brittmoore Animal Hospital de Houston, au Texas; le Dr J. Veronica Kiklevich du Dr K's Veterinary Dental Services de San Antonio, au Texas; le Dr Bonnie Lefbom, du Chesapeake Veterinary Cardiology Associates de Virginie; le Dr Karol Mathews, du Collège vétérinaire de l'Ontario, à l'Université de Guelph; le Dr Fred Metzger, du Metzger Animal Hospital in State College, en Pennsylvanie; O. Lynne Nelson, professeure adjointe au Collège de médecine vétérinaire de l'Université de l'État de Washington; le Dr Stu Nelson, chef vétérinaire de la course Iditarod; le Dr Paul Pion, du Réseau d'information vétérinaire et de VeterinaryPartner.com; le Dr Narda Robinson, chef de médecine complémentaire au centre médical vétérinaire de l'Université de l'État du Colorado; les Drs Karen Padgett et Phil Roudebush, du Hill's Pet Nutrition; le Dr Jeff Werber, du Century Veterinary Group de Los Angeles, en Californie; et le Dr Sandy Wright, diplomate, de l'American College of Veterinary Internal Medicine.

Nous voulons aussi remercier le Dr Harold Nelson, du National Jewish Medical and Research Centre, et le Dr Ronald Baenninger, de l'Université Temple. Tout ce que nous savons au sujet des puces, nous le devons au Dr Michael Dryden, professeur de parasitologie vétérinaire au Collège de médecine vétérinaire de l'Université de l'État du Kansas (sur sa plaque minéralogique, le Dr Dryden a fait inscrire «Dr Flea», qui signifie «Docteur Puce» en français!).

Nous n'aurions pu nous débrouiller sans la sagesse du Dr Roger Abrantes, auteur de *The Evolution of Canine Social Behavior*; Darlene Arden, auteure de *Small Dogs, Big Hearts*; Margaret Bonham, coureuse en traîneau à chiens et auteure; Susan Bulanda, auteure de *Ready: The Training of the Search and Rescue Dog*; Jane Brackman, ancienne directrice exécutive du Guide Dogs of America et propriétaire de Sirius Press; le Dr Stanley Coren, auteur de *The Intelligence of Dogs*; David Frei, porte-parole du Westminster Kennel Club; Suzanne Hetts, de l'Animal Behavior Associates de Littleton, au Colorado; Larry Lachman, consultant en comportement animal et auteur de *Dogs on the Couch*;

Brian Kilcommons, Liz Palika et Pat Miller, dresseurs et auteurs; Chris Walkowicz, juge d'expositions canines, auteur et éleveur de plusieurs générations de colley barbus et de bergers allemands champions; et Mary Young, dresseuse de chien d'arrêt, éleveuse et juge de tests pour la chasse.

À un niveau plus personnel, nous ne pouvons tout simplement pas nous permettre d'omettre le soutien de nos familles et amis.

Pour Marty, les membres de sa famille qui ont deux pattes incluent son épouse, Teresa, sa fille, Mikkel, et son fils, Lex. Il y a aussi des êtres à quatre pattes dans cette famille – des chiens, des chats et des chevaux – qui vivent sur la ferme familiale, Almost Heaven Ranch, dans le nord de l'Idaho. Une mention spéciale est décernée au collègue, ami et mentor de Marty, le Dr Scott Campbell, le fondateur, directeur général et président du conseil des cliniques vétérinaires Banfield.

Pour Gina, la famille à deux pattes commence avec son frère Joe, qui est aussi l'un de ses meilleurs amis. Il faut aussi souligner le soutien de ses parents, Louise et Nino, mariés depuis plus de 20 ans et toujours unis, ainsi que de son frère Pete, sa femme, Sally, et leurs deux enfants brillants et talentueux, Kate et Steven. Par ailleurs, ce livre n'aurait pu être écrit sans l'aide de la communauté d'amis, de collègues et d'autres amoureux des animaux de Gina. En particulier, il faut souligner l'apport du Dr Signe Beebe, de Judithanne

Bloom, de Melinie DiLuck, de Jan Haag, de Sonia Hansen, de Don Linville, de Christie Keith, de Scott Mackey, de John MacDonald, de Greg Melvin, de Morgan Ong, du Dr Bill Porte, de Dick Schmidt, de Monica Siewert et de Mary Young. Et il ne faut pas oublier les résidents de sa demeure du nord de la Californie, que Gina appelle maintenant le Almost Crazy Ranch.

Merci en terminant à Health Communications inc., en particulier à Peter Vegso, qui a su comprendre l'importance d'un tel ouvrage et qui nous a donné carte blanche pour l'écrire ensemble, ainsi qu'aux rédactrices Allison Janse et Beth Adelman.

Dr Marty Becker, drmartybecker.com
Gina Spadafori, petconnection.com

À propos des auteurs

DR MARTY BECKER

En tant que vétérinaire, personnalité médiatique, auteur et éducateur, le Dr Marty Becker est reconnu comme le médecin préféré des familles qui possèdent un animal de compagnie.

Marty est le populaire chroniqueur vétérinaire de l'émission *Good Morning America*, au réseau ABC. Il est aussi l'auteur de deux chroniques publiées dans les journaux par le service de nouvelles McClatchy-Tribune (anciennement Knight Ridder Tribune). En collaboration avec l'American Animal Hospital Association, Marty anime aussi une émission de radio, *Top Vets Talk Pets*, sur le Health Radio Network. Il a également fait des apparitions sur Animal Planet et est fréquemment invité à des émissions de télévision et de radio.

Marty est professeur adjoint au Collège de médecine vétérinaire de l'Université de l'État de Washington, son *alma mater*, et au Collège de médecine vétérinaire de l'Université du Colorado. En plus, il a donné des conférences dans toutes les écoles vétérinaires des États-Unis et a été nommé Companion Animal Veterinarian de l'année par la Delta Society et l'American Veterinary Medical Association.

Marty est le coauteur d'un des plus grands best-sellers de l'histoire des livres sur les animaux de compagnie, *Chicken Soup for the Pet Lover's Soul*, et est aussi l'auteur ou le coauteur d'autres livres, incluant d'autres titres de la collection Chicken Soup, *The Healing Power of Pets: Harnessing the Amazing Ability of Pets to Make and Keep People Happy and Healthy* et *Fitness Unleashed: A Dog and Owner's Guide to Losing Weight and Gaining Health Together!*

Marty a consacré sa vie à sa famille, qui inclut son épouse bien-aimée, Teresa, sa fille, Mikkel, et son fils, Lex, ainsi que plusieurs individus à poils vivant sur la ferme familiale, Almost Heaven Ranch, dans le nord de l'Idaho.

GINA SPADAFORI

Gina Spadafori a été choyée de pouvoir combiner deux de ses passions – les animaux et les mots – dans sa carrière. Depuis 1984, elle écrit une chronique sur les animaux et leurs soins. Cette chronique, qui est maintenant publiée dans des journaux des États-Unis et du Canada par l'intermédiaire du Universal Press Syndicate, a même reçu un prix!

Gina a œuvré au sein des conseils d'administration de la Cats Writers Association (CWA) et de la Dogs Writers Association of America (DWAA). Elle a remporté la médaille Maxwell du DWAA pour la meilleure chronique, et cette chronique a aussi été récompensée d'un certificat d'excellence de la part du CWA. La première édition de son best-seller *Dogs for Dummies* a reçu le prix du président pour le meilleur livre sur les chiens ainsi que la médaille Maxwell du meilleur outil de référence, deux prix décernés par le DWAA.

En compagnie du Dr Paul Pion, un vétérinaire cardiologue réputé, elle a écrit *Cats for Dummies* (disponible en français sous le titre *Un chat pour les nuls*), pour lequel elle a reçu un prix du CWA récompensant le meilleur ouvrage sur l'alimentation des chats, le meilleur ouvrage sur le comportement félin et le meilleur ouvrage sur des soins responsables envers les chats. Le livre a aussi été cité parmi les 100 meilleurs moments félins du 20e siècle par le magazine *Cat Fancy*. En compagnie du Dr Brian L. Speer, un spécialiste des oiseaux, Gina a aussi écrit *Birds for Dummies*, qui figure parmi les livres sur les oiseaux de compagnie qui se sont le mieux vendus. Ses livres ont d'ailleurs été traduits dans plusieurs langues, dont le français, le serbe, le danois, le japonais et le russe.

Gina tient aussi les rênes d'un des sites Internet les plus anciens et les plus fréquentés, le Pet Care Forum.

Elle vit dans le nord de la Californie, dans une demeure abritant plusieurs espèces d'animaux.

À propos du chien sur la couverture

TUCKER

Tucker est un terrier croisé, principalement un terrier Wheaten, âgé d'à peu près sept ou huit ans. Il a été secouru par la Fondation Amanda à Beverly Hills, en Californie. «Amanda» est un terme latin signifiant «digne d'amour». Tucker est sûrement un bel exemple de cette signification. Il aime faire des promenades, aller chercher et attraper des biscuits. Au moment où ce livre a été écrit, il s'entraînait pour devenir une star à Hollywood...

À propos de la Fondation Amanda

La fondation Amanda trouve des refuges pour les chiens et les chats depuis plus de 30 ans. Pour plus d'information, visitez le www.amandafoundation.org.

MEMBRE DU GROUPE SCABRINI

Québec, Canada
2007
Imprimé au Canada